bini adamczak

# GESTERN MORGEN

zur rekonstruktion der zukunft

*Den fünf Staffeln von Six Feet Under*

Cover: Holger Priedemuth
Satz: Oliver Schupp
Schrift-Art: Utopia & Futura
Kollektives Lektorat: Alex Karschnia, Christel Adamczak, Daniel Loick, Dascha Klingenberg, Flo Maak, Greta Wagner, Guido Kirsten, Jakob Müller, Jeronimo Voss, Katja Diefenbach, Martin Saar, Nadine Teuber, Nicola Nord, Ole Schmitt, Rahel Jaeggi, Stephan Wirtz, Thomas Adamczak

Bibliographische Informationen der Deutschen Bibliothek
Die Deutsche Bibliothek verzeichnet diese Publikation in der Deutschen Nationalbibliografie; detaillierte Daten sind im Internet über http://dnb.ddb.de abrufbar.

bini adamczak: gestern morgen
Neuauflage, 2021

ISBN 978-3-942885-08-9


Postfach 27 46, 48014 Münster
kontakt@edition assemblage.de
www.edition assemblage.de
Mitglied der Koopertion *book:fair*
Druck: Interpress, Budapest

bini adamczak

# GESTERN MORGEN

über die einsamkeit kommunistischer gespenster und die rekonstruktion der zukunft

*WIR DIE DEN BODEN BEREITEN WOLLTEN*
*FÜR FREUNDLICHKEIT*
*Wieviel Erde werden wir fressen müssen*
*Mit dem Blutgeschmack unserer Opfer*
*Auf dem Weg in die bessere Zukunft*
*Oder in keine wenn wir sie ausspein*
(Müller H. a, 232)

## Inhalt

## Eins. Ende

*»In jeder Generation muss es welche geben, die leben, als ob ihre Zeit nicht ein Anfang und ein Ende, sondern ein Ende und ein Anfang wäre.«* (Sperber, 522)

Die letzten wärmenden Strahlen der roten Sonne erlöschen. Von den laublosen Bäumen erhebt sich kein einziger Vogel, kein Flügelschlag ist zu vernehmen. Als hätten sie den Sinn des Fliegens vergessen, den Glauben daran verloren, dass Luft tragen kann, hocken die Tiere auf den schmalen Ästen. Langsam versiegen die langen Schatten der Telegraphenmasten, die einen kommenden Kontinent hätten verbinden sollen, in den abgeernteten Feldern. Vereinzelt vergessene Gräser harren bewegungslos in der Windstille eines verfrühten Abends, in der Ferne vermischen sich versprengte Wälder mit von der Geschichte verlassenen Grenzdörfern. Es wird dunkel.

Möglicherweise wird es aber auch gerade erst hell. Eine flüchtige Nacht gibt den Blick frei auf von unveränderter Feldarbeit belebte Landschaften. Streckenweise verfängt sich Tau in den Wellen des Getreides. Erste Autos befahren die Straßen, die für wenige Kilometer neben den Schienen verlaufen. Etwas Wärme kriecht durch die wenigen Ritzen des Wagens. Verschiedentlich versperrt noch Nebel die Sicht, die aber auch ohne ihn nicht frei wäre. Nach tagelanger Fahrt von Moskau oder weiter bis an die russische Grenze könnten die Augen ermüdet sein von vorbeirauschenden, in ihrer Größe dennoch unbeweglich erscheinenden Feldern. Aber die Blicke der deutschen Antifaschistinnen, kommunistischen Emigranten sind leer, in ihren zum Gang hin vergitterten Abteilen befinden sich keine Fenster. Draußen berühren, vielleicht, erste Lichtflecken den Boden, als die Berge am Horizont ihre steinernen Köpfe in den beginnenden Tag strecken.

Vielleicht ist es aber auch bereits Tag. Möglicherweise, es ist sogar wahrscheinlich, denn das Wetter beugt sich selten den Metaphorisierungswünschen der Geschichtsschreibenden, ist er sogar hell. Ein strahlender Tag, weiß vom Schnee der Bergkuppen in der Ferne, vom Glitzern der breiten Flüsse, der zahlreichen polnischen Seen. Die beinahe mittägliche Sonne steht unbehindert am sonst gänzlich leeren Himmel, erwärmt die Dächer des Stolypinski Waggons, des Gefangenenwagens, in dessen Abteilen sie zu je siebt sitzen. Das Rattern des Zuges verunmöglicht Gespräche von Abteil zu Abteil. Einige Zeit noch sind Lieder zu vernehmen und aufmunternde Zurufe, die dann aber, plötzlich, verstummen. Die Aufseherinnen bringen Wasser und reichliches Essen, nach dem den Gefangenen jetzt jedoch der Appetit vergangen ist. *»Aber warum? Esst nur! Ihr werdet noch viel hungern müssen!«*, redet ihnen einer der Soldaten freundlich zu (Buber-Neumann, 182 f). Es sind Soldatinnen des NKWD, des Volkskommissariats für innere Angelegenheiten, die eine verschlossene Fracht über die Grenze zu bringen haben, eine menschliche, schweigende Fracht.

Als der Zug seine Geschwindigkeit verlangsamt, erreicht die Sonne vielleicht ihren höchsten Stand, die Natur zeigt sich blind gegenüber der Geschichte. Im Bahnhof steigen die antifaschistischen Gefangenen aus, gehen das letzte bewaldete Stück zu Fuß. An der Eisenbahnbrücke von Brest-Litowsk, der neugeschaffenen Grenze, endet der Weg. Von der anderen Seite der Brücke kommen andere Soldaten, heben zum Gruß der NKWD-Offiziere die Hand an die Mütze (Buber-Neumann, 185 f). Dann werden Namen verlesen, die Übergabe beginnt. Die, die sich wehren, in panischer Angst, werden gestoßen, die Juden unter ihnen mit antisemitischen Hasstiraden von den Soldaten der anderen Seite in Empfang genommen, von Soldaten der SS.

Ein Zug von vielen Zügen, von vergessenen Zügen. Sonderzüge, in denen das NKWD deutsche oder österreichische Kommunistinnen an die Grenze Deutschlands transportiert, der Gestapo ausliefert. Auf verschiedenen Strecken zunächst, abhängig vom Ort ihrer Inhaftierung, über die polnischen Grenzstationen Schepetowka und Negoreloje/ Stolpce, über die lettischen Biogossowo und Ostrow oder auch über Finnland (Schafranek, 40). Dann, als Deutschland und Russland plötzlich eine gemeinsame Grenze teilen, nur noch über Brest-Litowsk, jenes Brest-Litowsk, in dem sich Trotzki zwei Jahrzehnte zuvor mit Diplomaten des deutschen Kaiserreiches getroffen hatte, um Frieden zu schließen, die Revolution zu retten. Um die 1000 Abgeschobenen sind es, die in den Akten der Botschaften und Geheimdienste dokumentiert sind, von ihnen nachweislich über 300 Kommunistinnen, Jüdinnen, Antifaschistinnen.[1] Eine Vielzahl von Transporten, die ersten bereits 1935 (Müller R., 9), die letzten im Mai 1941, einen Monat vor Kriegsbeginn (Schafranek, 56). Und nur zwei sind erinnert, in den Beschreibungen Margarete Buber-Neumanns und Alexander Weißberg-Cybulskis, Frühjahr 1940.

Die meisten der in Zügen von Russland nach Deutschland Fahrenden sind Ingenieurinnen, Spezialistinnen, Facharbeiterinnen, deren Verträge auslaufen und denen die Heim-

1 Dazu noch eine unbekannte Zahl »formloser« Abschiebungen. Wie in Polen 1939, im neuen Grenzgebiet, wo im Rahmen von Umsiedlungen zehntausende jüdische Flüchtlinge nicht nur von den Deutschen in russisches Gebiet, sondern auch von den russischen Truppen in deutsches Gebiet zurück abgeschoben werden. Auf die Frage der SS, warum der russische Hauptbevollmächtigte Jegnarow nicht die Juden aufnehmen wolle, da es in der SU doch keinen Antisemitismus gäbe, antwortet dieser, die Nazis »würden schon andere Wege finden, die Juden zu beseitigen« (Schafranek, 61 ff, dessen Buch 305 Kurzbiographien von abgeschobenen Antifaschistinnen enthält).

reise freigestellt wird. Einige der Gefangenen sind nationalsozialistische Sympathisantinnen, manche Spione im Auftrag der deutschen Regierung. Andere aber, und nur um sie geht es zunächst, sind Kommunistinnen, größtenteils Mitglieder der KPD oder des österreichischen Schutzbunds. Als Anhängerinnen der Revolution sind sie in die Sowjetunion gekommen, die meisten erst nach 1933 oder 1934 geflohen. Manche von ihnen sogar später, nach jahrelangem Kampf im Untergrund, Aufbau und immer wieder Wiederaufbau der kommunistischen Partei, bis ihre Tarnung aufflog, sie verschwinden mussten. Viele von ihnen saßen in deutschen Gefängnissen, haben der Folter standgehalten, manche bereits in den ersten Konzentrationslagern. Antifaschistinnen sind sie, staatlich geprüfte zumal, denn die Auflagen der sowjetischen Behörden sind strikt. Nur jenen, die sich aktiv als Widerstandskämpferinnen im Sinne der KPD bewährt haben, wird die Einreise gewährt, antisemitische Verfolgung gilt nicht als Grund zur Gewährung von Asyl.[2]

Von den Nazis verfolgt, dem Gefängnis, dem drohenden Lager entkommen, flüchten deutsche und österreichische Kommunistinnen ins russische Exil, in die Räterepublik, das Vaterland der Werktätigen, Heimat der Arbeitenden, in die röteste aller Städte des Planeten, Moskau. Nicht in erster Linie Schutz erhoffen sie, sondern die Möglichkeit, sich am

2 »Es gab zu Beginn des Jahres 1936 nur etwa 15 Prozent Emigranten jüdischer Herkunft, während es unter den Flüchtlingen aus NS-Deutschland insgesamt 70 Prozent waren. Das ist damit zu erklären, dass die ›rassische‹ Verfolgung in der SU als zweitrangig für die Gewährung von Asyl galt. Was zählte, war die aktive Betätigung im antifaschistischen Widerstand« (Steinberger, 27). Oft reicht nicht mal das. Nach dem Kriterium der »politisch-moralischen Qualität« gelten viele Widerstandskämpferinnen aufgrund ihres »undisziplinierten und unproletarischen Verhaltens« als »unwürdige Elemente« (Schafranek, 14).

Aufbau des Sozialismus anders weiter beteiligen zu können, aus der Emigration heraus den Widerstand gegen Deutschland zu organisieren. Bleiben wollen vermutlich die wenigsten von ihnen, zurückkehren wollen sie, mit einem neuen Ausweis, einem veränderten Auftrag. Und zurück kehren sie, aber unbewaffnet, nicht als Revolutionäre und statt als Soldatinnen der Sowjetmacht als deren Gefangene.

Aus Zwangsarbeitslagern kommen sie, aus Karaganda Kasachstan etwa, aus den Zuchthäusern der Solowki-Inseln am Weißen Meer oder direkt aus der Untersuchungshaft in Charkow, Gorki oder Engels, in der sie jahrelang sitzen, wartend auf einen immer gleich programmierten Prozess. Aus den entlegensten Orten der sowjetischen Republiken werden sie geholt, über tausende Kilometer hinweg, einzeln oder in kleinen Gruppen. Dann finden sie sich wieder, alte Bekannte zum Teil, in Sammelzellen der Butirka, des Moskauer Zentralgefängnisses, in dem sie nicht selten schon einmal saßen, einige Jahre zuvor, nach ihrer Verhaftung. Aber statt wie zuvor zu hundertzehnt in einer Zelle für fünfundzwanzig, sind sie nun nur fünfundzwanzig und statt auf Brettern schlafen sie auf Betten, mit Matratzen und Decken statt auf dem Boden und in eigenen Mänteln. Statt zu dämmern – aber nicht zu schlafen! – sitzen sie auf Stühlen, und statt zu flüstern reden sie laut und spielen, während ihnen damals noch das laute Laufen verboten war, von Nähen oder Singen ganz zu schweigen (Buber-Neumann, 34 ff, 164 ff, Weissberg-Cybulski a, 333). Wohlgenährt und medizinisch versorgt sind sie, seit kurzem, nicht mehr mit Wassersuppe gespeist, sondern mit dreimal täglich reichhaltigem Essen. Kurz vor der Auslieferung wird ihnen der Hunger gestillt, der sie Jahre lang in den Untersuchungsgefängnissen quälte, in den Lagern zur Zwangsarbeit trieb. Als sollten die unfreiwillig Verschickten beim Empfänger einen guten Eindruck machen, ein höfliches Licht auf das Gastland werfen. Weniger, vermutlich, um die Nazis von der Humanität des sowjetischen Strafvollzugs zu überzeugen als eher vom Reichtum des roten Reiches, das noch seine Häftlinge mit reichlicher Nahrung beschenkt. Denen, freilich, drängt sich ein anderer Eindruck auf: Gemästet werden sie, die man zum deutschen Schlachtmeister führt (Buber-Neumann, 169 f).

Der Eindruck drängt sich auf, aber nur wenige sprechen ihn aus, trauen sich auszusprechen, was als wahrscheinlich erscheint, aber als unmöglich gilt. So etwa Zenzl Mühsam, die, kurz nachdem sie in die Sowjetunion gekommen war, um das Ausland über die Verbrechen der Nazis, die Ermordung Erich Mühsams aufzuklären, verhaftet wurde. Anders als andere rechnet sie nach dem deutsch-russischen Pakt mit der Auslieferung und weigert sich, ihre Ausweisung *»ins Ausland«* ohne Angabe des Ziels zu unterschreiben. Lieber vor den Zug werfen will sie sich, als nach Deutschland zu kommen, lieber im stalinistischen Kerkernetz bleiben. Und dort wird sie bleiben, in Gefängnis, Lager und Verbannung bis zu ihrer Ausreise in die DDR 1955. Ihre Warnungen aber bleiben ungehört, ihr Misstrauen ungeteilt. Fast niemand, welche Entbehrungen, Erniedrigungen, Entstellungen er auch hat erleiden müssen durch den NKWD, hält die Auslieferung an Deutschland für möglich, will sie für möglich halten. Noch in den Zügen glauben sie nicht daran, machen sich gegenseitig Hoffnung, versprechen sich, noch nach der Abfahrt Richtung Polen, gegen alle logistische Rationalität eine Umkehr in Minsk, Abschiebung nach Litauen (ebd., 181). Sie wollen, sie können es nicht glauben. Wie fest muss dieser Glaube gewesen sein, dass er noch in der Auslieferungszelle, nach Jahren Untersuchungshaft und Zwangsarbeit, gegenüber jedem nächsten Verbrechen Unglauben auszulösen vermag? Unglaublich fest.

So unglaublich, fast so unglaublich, wie die Auslieferungen selbst, die Abschiebungen von Kommunistinnen durch Kommunistinnen, von Todfeinden der Nazis an Nazis. So unglaublich, dass selbst die Gestapo sie nicht zu glauben bereit ist, dass sie einen Großteil der Antifaschistinnen, die nicht selten unter dem Vorwand *»faschistischer Spionage«* verhaftet worden sind, stattdessen für Agenten der GPU, des sowjetischen Geheimdienstes hält (Schafranek, 94 f). Dies umso mehr, als den Deutschen viele der Ausgelieferten ausdrücklich unerwünscht sind, und sie deren Übernahme mehrfach ablehnen, zumindest vor 1939. Denn deutsche Botschaft und Auswärtiges Amt wollen zwar die Deutschen, aber nicht die Antideutschen, nicht die *»Deutschfeindlichen«* (Schafranek, 69). Die Deutschstämmigen, die Volksdeutschen, wollen sie, nicht die Jüdinnen, die Ausgebürgerten, die Antifaschistinnen. Und doch kriegen sie sie, zur großen Freude der Gestapo. 80 Antifaschistinnen bereits vor dem Hitler-Stalin-Pakt 1939, über 200 (von 350 Ausgelieferten) danach (Schafranek 44, 48, 69, 79). Erst dann auch fordern die Deutschen die Auslieferung ein, mit Nachdruck und Verweis auf die *»gegenwärtigen freundschaftlichen Beziehungen zwischen dem Deutschen Reich und der U.d.SSR«* (Botschafter Schulenberg, zit. n. Schafranek, 184). Von anderen Druckmitteln jedoch ist nichts bekannt, ebenso wenig wie von einer unmittelbaren ›Gegenleistung‹. Die Nazis legen Zahlen vor, die Sowjets bestimmen die Namen. Nicht einem übergeordneten Nutzen im politischen Kalkül werden die Antifaschistinnen geopfert, nicht als Figuren eines Tauschs überreicht, sondern, wenn überhaupt, als Geschenk (vgl. Schafranek, 56 f).

Obwohl der Gestapo zunächst jeder *»Russlandrückkehrer«* betitelte Häftling *»als politisch verdächtig«* gilt, zeigt sie sich überzeugt, dass der Großteil der *»marxistisch*

*Infizierten« »von der bolschewistischen Lehre restlos geheilt«* wurde (zit. n. Schafranek, 89) – und liegt damit nicht selten sogar richtig. Margarete Buber-Neumann beschreibt, dass viele Häftlinge, die, bereits ausgeliefert, sich in deutschen Gefängnissen befinden, ihren Glauben an die Sowjetunion verloren haben, vom deutschen Sieg überzeugt sind und dem Nationalsozialismus eine lange Zukunft vorhersagen. Einige beginnen ihm sogar positive Seiten abzugewinnen, wollen sozialistische Züge in Wirtschaft und Arbeitsgesetzgebung entdecken. Alexander Weissberg-Cybulski erlebt diese Diskussion bereits in Moskau.

*»Die Gefangenen in der Ausweisungszelle der Butirka standen [...] unter dem Druck beider Apparate. Sie mussten die GPU [die sowjetische Geheimpolizei] noch fürchten und schon die Gestapo. Ein allzu freies Wort hier konnte noch vom Stalinschen Apparat verfolgt werden. Eine allzu sowjettreue Haltung einige Wochen später vom Apparat der Gestapo. Man musste vorsichtig sein, es konnten in der Zelle noch Spitzel der GPU sitzen. Aber auch künftige Spitzel, die schon jetzt entschlossen waren, die Gunst der Deutschen durch den Verrat an ihren Genossen zu erkaufen. Unter diesen Bedingungen war es unvorsichtig überhaupt zu reden.«* (Weissberg-Cybulski b, 687)

Noch in der Abschiebezelle kommt es zu Zusammenstößen zwischen Weissberg-Cybulski und einem ehemaligen Mitarbeiter der Komintern, der den NS für eine Form des organisierten Kapitalismus hält, die den Sozialismus vorbereite.[3] Der antistalinistische, aber noch sozialistische Jude

3 » ›Auch Bucharin hat vom organisierten Kapitalismus gesprochen. Vielleicht ist der Nationalsozialismus eine Form des organisierten Kapitalismus,

gegen den nicht mehr stalinistischen, aber nationalsozialistischen Deutschen.

*»Ich hätte verstummen sollen«*, schreibt Alexander Weissberg-Cybulski, *»die Fortsetzung des Gesprächs war gefährlich [...]. Die Mehrheit der Arbeiter in der Zelle war klüger als ich. Sie wählten den einzigen richtigen Weg in dieser komplizierten Situation, sie schwiegen.«* (ebd., 694)

Die Arbeiterinnen – die, die nicht nachreden wollen, was ihnen vorgesagt wird – schweigen. Aber kein gemeinsames Schweigen ist es, sondern, da es auf Misstrauen beruht, auf Angst auch voreinander, ein einsames. Sie schweigen, weil was sie zu sagen hätten, gehört werden, weil jemand nicht zu-, sondern mithören könnte. Sie schweigen aus Angst, aber nicht nur aus Angst schweigen sie, sondern auch, weil sie nichts mehr zu sagen haben, nicht mitzureden, wenn über sie geredet wird und entschieden, von Botschaft zu Botschaft, Staat zu Staat. Es hat ihnen die Sprache verschlagen, aber nicht »es« war es, wenn es das gäbe. Sondern NKWD und Gestapo, deren paradoxer Handschlag ihre Körper trifft.

Und sie sind es, die sie zum Reden bringen, in unzähligen Verhören – bürokratischen oder brutalen –, das NKWD zuerst, dann, in Polen oder in Deutschland, die Gestapo. Von ihr werden sie in Gruppen eingeteilt, abhängig vom Grad der von ihnen ausgehenden Gefahr, in A, B und C, und weiterversendet, in deutsche Fabriken und Kasernen oder in Zuchthäuser und Konzentrationslager. Viele (Buber-Neumann,

die den Sozialismus vorbereitet. Man muss unvoreingenommen die Sache betrachten. Diese Diskussion muss man um ein Jahr verschieben.‹ ›Drüben in Deutschland wirst du wohl kaum Lust haben, mit mir zu diskutieren‹, meinte ich bitter« (ebd., 692).

197) werden in ihre Herkunftsorte geschickt, wo sie sich zu melden haben und unter weiterer Beobachtung zu arbeiten, in deutschen Betrieben. Viele – vielleicht die meisten (Schafranek, 103) – werden später von der Wehrmacht eingezogen, mit der sie – weitere Wendung – nicht selten wieder in die Sowjetunion kommen – als Soldaten des Vernichtungskrieges diesmal, im Kampf gegen die Rote Armee.

Wie zum Beispiel der Fall Erwin Jerres, der – kein Beispiel, kein Fall, sondern singulär – 1933 als Leiter des Kommunistischen Jugendverbandes Berlin-Lichtenberg verhaftet wird und, zusammen etwa mit Erich Mühsam ein Jahr lang inhaftiert bleibt, im Konzentrationslager Sonnenburg. Er geht, kaum ist er entlassen, in den antifaschistischen Untergrund und bleibt dort, bis seine Organisation 1935 hochgeht und er flüchten muss und flüchten kann, über Prag bis nach Moskau. Nur um 1937 verhaftet und 1938 abgeschoben zu werden, über Polen nach Deutschland. Nach einjähriger Untersuchungshaft in Moabit lässt ihn die Gestapo frei und die Wehrmacht zieht ihn ein. 1944 gerät er in sowjetische Kriegsgefangenschaft, verschweigt aber seinen ersten Aufenthalt und spricht auch sonst, obwohl er die Sprache vollkommen beherrscht, kein Wort russisch, zwei Jahre lang. Nachdem er entlassen wird, 1946, geht er nach Berlin zurück und trifft dort einen alten Genossen mit Namen Erich Honecker, dem er zu verstehen gibt, dass er das Interesse an Politik verloren hat. Zwei Wochen später wird er vom NKWD verhaftet und mit der Begründung, er habe gegenüber der Gestapo Aussagen über die Sowjetunion ge macht, zu 25 Jahren Zwangsarbeitslager in Workuta verurteilt, wo er zuletzt 1952 gesehen wird (Scholmer, 98 ff).

Oder wie Franz Langer, der – ebensowenig Beispiel – sich 1934 einer Gruppe von Schutzbündlern anschließt und nach den Kämpfen in Wien-Ottakring gegen die Austrofaschisten in die Tschechoslowakei flüchtet, wo er der KP beitritt. 1938 wird er verhaftet und im Januar 1940 von Moskau aus an Deutschland ausgeliefert, wo ihn im Juni die Wehrmacht einzieht. Im März 1945 aber kann er desertieren und in Wien untertauchen, wo er wenig später Kontakt zur Roten Armee aufnimmt und auf deren Seite kämpft, gegen die Nazis und deren Volkssturmeinheiten (Schafranek, 146).

Irrsinnige Drehungen, mehrfache Drehungen, die es – ganz anders und dennoch verbunden – auch in die entgegengesetzte Richtung gibt, in den Leben jener in deutschen Zwangsarbeitslagern internierten sowjetischen Kriegsgefangenen, die, kaum befreit, vom NKWD verhaftet wurden, um in sowjetischen Lagern Zwangsarbeit zu leisten (Schafranek, 107; Buber-Neumann, 347). Zwischen die Räder gekommen sind sie, Emigrantinnen ohne Immigration, die es über die Kontinente schleudert, zwischen die Großmachträder, deren feindliche Zähne für einige Momente so unheilvoll ineinander beißen, als wollten sie sich zu einem quälenden Lächeln verziehen.

Von den ausgelieferten Antifaschistinnen aber wird nur ein Teil nach den Verhören wieder freigelassen, zu deutschen Arbeiterinnen oder Soldaten gemacht. In den Anordnungen der Gestapo ist davon ausgeschlossen, wer sich *»vor der Ausreise marxistisch aktiv betätigt hat, in der Sowjetunion kommunistische Politik weiter betrieben, gegen Deutschland gehetzt hat und auch jetzt noch an seiner kommunistischen Überzeugung festhält«* – oder *»jüdischer Abstammung«* ist (zit. n. Schafranek, 180). Für die so Ausgesonderten endet die ›Rückkehr‹ in Zuchthäusern und Ghettos, in Konzentrations- und Vernichtungslagern.

Nur wenige überleben, für die anderen endet sie tödlich. In Lublin, Neuengamme und Mauthausen, in Auschwitz und Majdanek.

Wie Speichen eines Rades ab einer bestimmten Geschwindigkeit stehen zu bleiben scheinen, dann sich rückwärts drehen, so fahren diese Züge zurück vom sozialistischen Russland ins nationalsozialistische Deutschland. In entgegengesetzter Richtung jenes plombierten Zuges, in dem Lenin wenige Jahrzehnte vorher nach Petrograd gebracht worden war, die Revolution zu machen. Der unaufhaltsame Fortschritt, der die Geschichte in den Kommunismus hätte führen sollen, springend von der ersten Revolution 1917 zur zweiten, notwendig zur Weltrevolution, endet hier. Nicht, wie schön wäre schon das, auf halber Strecke, nicht am Anfang, noch davor. In den Lagern, fast schon natürlich denen der Feinde, aber auch, unbegreiflich, denen der Freunde. Doppelter Verrat. Verrat des Antifaschismus, Verrat des Kommunismus, von denen der erstere selten ohne den zweiten, der zweite nie ohne den ersten zu haben ist. Verrat vor allem aber der Kommunistinnen, der Genossen selbst durch die Genossen. Verraten an jene, deren Bekämpfung sie den Großteil ihres Lebens gewidmet haben, von 1918 an, auf die sie den Hauptteil ihre politischen Hasses lenkten, verraten von jenen, denen sie ihre Lebenszeit opferten, für die sie ihr Leben zu opfern bereit gewesen wären. Namenlos, kampflos zumeist, sterben sie, nicht auf den Barrikaden, hinter ihnen, in den Gefängnissen Moskaus, tief in den sibirischen Steppen, dann wieder in den deutschen Lagern. Sie haben mit ihrem Tod gerechnet, mit einem frühzeitigen, gewaltsamen Tod. Aber nicht für die Revolution sterben sie, nicht, wenn es das gibt, für den Kommunismus. Für sie wird es nie einen Kommunismus mehr geben. Es gibt keinen Kommunismus für sie. Es gibt keinen Kommunismus ohne sie. Ohne sie wird es nie einen Kommunismus mehr geben.

Aber wie sie erinnern? Wie die erinnern, von denen so wenig zu erinnern bleibt? Und vor allem mit wem? Wen noch alarmieren, zu Hilfe holen? Wen anrufen im Namen einer zu spät kommenden, nachträglichen Gerechtigkeit, nachtragenden Parteinahme für die von der Partei verratenen? Mit wem um die Verlorenen trauern, um die gemordeten und verlassenen Revolutionäre? Verlassen in den Zügen, versteckt in der Emigration, verraten in den KZs, unterworfen in den kleinen Wohnungen Moskaus, in den Zellen der Untersuchungsgefängnisse, in den sibirischen Lagern. Sie haben keine Verbündeten mehr, keine Freunde im Ausland, keine Kämpfenden an ihrer Seite, keine heimlichen Genossinnen, niemand, der um sich Mut zu machen an sie denkt, an den sie denken könnten, um Hoffnung zu schöpfen. Mit wem ihre Einsamkeit teilen? Wenigstens das. Wenigstens ihnen Gesellschaft leisten, eine imaginäre, zu spät kommende Gesellschaft.

Etwa in jenen Momenten, in denen sie bereits vorgewarnt vom Verschwinden einiger ihrer Genossinnen, der kritischen zuerst, wie es anfangs scheinen mag, auf ihre Verhaftung warten. Vorgewarnt etwa von den großen Schauprozessen, denen sie vielleicht nicht mehr wie so viele der großen kommunistischen Intellektuellen im Ausland (Feuchtwanger, Brecht usw.) eine Rechtfertigung zu liefern bereit sind, die sie vielmehr in Angst zu versetzen begonnen haben. Vorgewarnt etwa von der Verhaftung einer Verwandten, in deren Folge sie ihre Parteimitgliedschaft verloren haben, die Unterstützung als Verfolgte des NS, ihre Arbeit und ihre Wohnung (Steinberger, 28, 52 ff). Nicht länger sitzen sie jetzt in der neuen, hellen Wohnung nach menschlichem Maß, in den großen Häusern der Alleen, deren Nachfolger erst viel später den abschätzigen Namen Plattenbauten erhalten werden. Sondern zur Untermiete in zugigen Zimmern, ein Bett in der Küche neben dem Kohleofen. Nicht länger sitzen sie jetzt im Hotel Lux, in dem die Kommunistische Internationale untergebracht ist, Genossinnen aus aller Welt. Sondern in dessen Hinterhof, in einem alten, lichtlosen Häuschen mit Namen *»Nepflügel«* (Buber-Neumann, 15). Die Genossinnen, die bis eben noch ihre Freundinnen waren, grüßen sie jetzt nicht mehr, senken die Augen, wechseln die Straßenseite, aus Verachtung, vor allem aber aus Angst.

Von Freundinnen hätten sie umgeben sein sollen, jede Nachbarin eine Genossin, so hatten sie es sich vielleicht vorgestellt. Einmal, endlich, nicht einer Gruppe Vereinzelter angehören, endlich einmal nicht misstrauisch sein müssen gegen die Menschen auf der Straße, die Sitznachbarin an der Werkbank, die Verkäuferin im Laden nebenan. Nicht sich verstecken müssen wie die Genossinnen in Deutschland, in Jugoslawien, in Österreich, Polen, Italien, nicht mehr, wie sie selbst noch vor kurzem, Bücher nur heimlich lesen, sorgfältig getarnt mit aufgeklebten Rücken (Weiss, 35), nicht länger Bedenken zerstreuen müssen durch öffentliches Bekenntnis zu gehassten Führern. Jetzt hängt an der Wand – oder möglicherweise schon nicht mehr, denn sie rechnen bereits mit ihrer Verhaftung, verweigern es, sich noch einmal, sinnlos diesmal, zu unterwerfen – das Bild des großen Genossen. Vielleicht steht an einem frühen Mittag des Jahres 1939 eine von ihnen auf, nachdem sie lange schweigend am Küchentisch gesessen hatte, nähert sich langsam diesem einzigen gerahmten Bild in der kargen Kammer und hängt es ab. Womöglich hält sie es kurz in den Händen, als suche sie nach etwas, das sie einmal darin zu finden geglaubt hatte, dann stellt sie es umgedreht, aber sorgsam neben die Spüle. Für große Gesten der Wut fehlt ihr bereits die Kraft. Um diese Zeit fallen vorsichtig einige Lichtstrahlen durch das schmale Fenster auf den Schrank, auf den Streifen nun gänzlich leerer Wand. Deutlich ist darauf der weiße Fleck zu erkennen, der sich auf einer durch den schlechten Kohleofen, dessen immer verstopften Abzug, frühzeitig verdunkelten Tapete abzeichnet, eine rechteckige Leerstelle, ein freigewordener Platz, der nur darauf zu warten scheint, neu besetzt zu werden. Dabei sollte er doch, das wird jetzt, viel zu spät, deutlich, von niemandem besetzt werden, dabei sollte es ihn, den Platz selbst, doch gar nicht geben.

Doch auch die Treue zum höchsten Führer der Partei, auch ein übereifriger Stalinismus, kann in den seltensten Fällen noch sicher vor Verhaftung schützen. Ohne Gerichtsverhandlung werden die Verhafteten von einem Untersuchungsrichter verurteilt, ihre Geständnisse mit Folter erpresst. Faschistisches *»Diversantentum«*, kritische Einstellung zur Politik der Komintern, lautet die Anklage oder pauschal konspirative Beziehung mit NS-Dienststellen, Spionage also (Artikel 58, 6-9-10-11 des Strafgesetzbuches der RSFSR), Sympathie für das nationalsozialistische Deutschland, das sie, als der Krieg beginnt, beinahe alle, sich freiwillig meldend, bekämpfen wollen, an der Seite der oder besser noch als Rote Armee.

Von hier aus wird jeder Versuch eine umfassende Rationalität in den Verhaftungen und Verhören, in den Verurteilungen und Verbannungen zu finden, und sei es auch nur die irrationale Rationalität der Herrschaftserhaltung, mit dem Makel der Makellosigkeit behaftet sein, der, indem er mit zu spät kommenden Begriffen alles fasst, das Entscheidende verpasst – die Fassungslosigkeit, die lähmende Starre, in die

die Kommunistinnen verfallen, wehrlos ausharrend. *»Nachts warteten sie auf ihre eigene Verhaftung. Durch Wochen und Monate schon stand der Koffer bereit, der sie nach Sibirien begleiten sollte«* (Buber-Neumann, 15).

Vielleicht beginnen sie, wie eine der Romanfiguren Manès Sperbers, Vasso Millitsch, in Erwartung seiner Verhaftung (Sperber, 426), Selbstgespräche zu führen, die aber eigentlich Gespräche mit Freunden im Ausland sind, mit vor langem gestorbenen Genossinnen, die als einzige noch die Entfernung bemessen können, die den Herbst 1939 vom Oktober 1917 trennt. Ihnen und nur ihnen, mit denen sie die Erfahrung der Revolution teilen, die Erinnerung an jene historisch einzigartige, weltweite Hoffnung, können sie die Enttäuschung begreiflich machen, von der sie unheilbar befallen sind. Für einen kurzen Moment war ihnen ein anderes Leben, das Ende ihrer Geschichte und der Geschichte ihrer Vorfahren gegeben oder zumindest in Aussicht gestellt worden – und dann wieder genommen. Dieser Verlust wird sich vielleicht durch nichts mehr ersetzen lassen, sicher jedoch wird er in ihrem kurzen Leben und allen bis heute folgenden durch nichts mehr ersetzt werden. Aber es ist der Verlust selbst, der verloren gegangen sein wird. Den Nachfolgenden wird der Verlust bereits zur Vorraussetzung ihrer Existenz geworden sein, zur Grundlage ihrer Erfahrung. Die revolutionäre Enttäuschung werden sie bei größter Anstrengung nicht mehr verstehen können, obwohl sie, obwohl wir – bis heute – streng historisch, wissenschaftlich genommen, Kinder genau dieser Enttäuschung sind. Nicht wir haben die Erfahrung der Enttäuschung gemacht, sondern andersrum sie uns.

Die Kommunistinnen, die in ihren Wohnungen auf die Verhaftung warten, in den Untersuchungsgefängnissen auf das nächste Verhör, in den dunklen Zellen auf den Abtransport ins Lager, wissen darum. Deswegen führen sie Gespräche mit den Toten, auch wenn sie ihre letzten Hoffnungen auf die Nachgeborenen richten, die sie nicht mehr kennen lernen werden. Mit den verlorenen Genossinnen diskutieren sie ihre Fehler, ihre taktischen Versäumnisse oder, wenn sie dazu in der Lage sind, ihre groben, wirkungsmächtigen Täuschungen, folgenreichen Selbsttäuschungen zu allererst.

Unteilbare Einsamkeit. Einsamkeit der Kommunistinnen. Mit wem ihre Zelle teilen, ihren letzten Gang auf dem Hof? Welche Gemeinschaft ihnen offerieren, wen als Verbündete ihnen anbieten? Wen als Zeugin ihnen zur Verfügung stellen? Mit wem jene erinnern, die nur als Opfer erinnert werden, als die allein sie heute nützlich sind, um mit ihren Mördern die Hoffnung zu erledigen, für die sie gemordet wurden? Denn es sind oftmals die Falschen, die scheinbar die Opfer des Stalinismus betrauern. Sie trauern nicht um sie. Es sind namenlose Tote, die Antikommunistinnen ins Feld führen, die sich von ihnen in ihrer Mehrzahl vermutlich nicht führen ließen, lebten sie noch. Die Toten können sich nicht wehren. Sie hätten wahrscheinlich auf der anderen Seite gestanden, auf einer anderen Seite vielleicht (Leonhard S., 5). Nicht in absoluten Zahlen, natürlich, aber in relativen waren die Opfer des stalinistischen Terrors häufiger in dessen eigenen Reihen, umso gefährdeter, je näher am Zentrum sie waren. Die Wahrscheinlichkeit der Verhaftung stieg mit Eintritt in die Partei. Es waren Kommunistinnen. Wer sollte sie – als Kommunistinnen – betrauern? Wenn nicht, wer immer das auch sei, die Kommunistinnen? Die Kommunistinnen aber schweigen – in ihrer Mehrzahl. Die Archive sind offen. Und dennoch hat keine breite und tiefe Forschung begonnen, zumindest, vor allem nicht von jenen, denen sich die Fragen (Wann? Wo?) am dringlichsten stellen müssten, die sich die Fragen (Wie? Warum?) am rücksichtslosesten zu stellen hätten. Keine Arbeit der Erinnerung jener, deren Erinnerung die zu Erinnernden am dringendsten bedürften.[4]

Es darf hier kein Schweigen geben und ebenso wenig oder noch weniger jetzt ein Verschweigen. Kein schamhaftes, schuldbewusstes Verscharren der Toten durch jene, die – noch immer in der Logik des Kalten Krieges verhaftet – aber glauben, es handle sich beim Erinnern der Opfer um eine antikommunistische Strategie, das Nennen ihrer Namen entfessle einen prokapitalistischen Fluch. In ihren Ängsten fühlen sie sich verfolgt von einer Armee der Leichen, die unter dem Banner der Konterrevolution marschiert, noch die letzten lebenden Kommunistinnen mit sich in ihre Gruft zu ziehen trachtet. In ihrer blinden Verteidigung eines angeblich realen Sozialismus, der selbst meist über den Anstand verfügte, seiner Gegenwart gegenüber auf das K-Wort zu verzichten, bestätigen sie mit der ihnen als Kommunistinnen zukommenden Autorität die Behauptung ihrer Gegner, *das* sei schon der Kommunismus gewesen, und wenn nicht die einzige, so doch immerhin eine Alternative zum Kapitalismus, zu dem es folglich keine Alternative gibt (vgl. Leonhard S., 6). Indem die *Kommunistinnen der Vergangenheit* die Vergangenheit in Schutz nehmen gegen Angriffe einer siegreichen Gegenwart, verteidigen sie eine zeitweise siegreiche Vergangenheit, wie sie sich aus der Sicht einer Gegenwart darstellt, für die der Kopf Stalins auf

4 »Als kompakten Anfang zu einer Bestandsaufnahme hätten wir Communist/inne/n die Materialsammlung und Streitschrift [des Schwarzbuch des Kommunismus] allererst zu begrüßen statt apologetisch abzuwehren. Und als Schwarzbuch würde es dann überhaupt erst von uns als wissenschaftlichen Communist/inn/en fortzuschreiben sein« (Schritkopcher, 1).

immer an die Wange von Marx geschweißt bleiben wird. Sie nehmen Partei auf Seiten jener Partei, die ihre eigenen Trägerinnen liquidierte, beziehen Stellung hinter jenen Mörderinnen, die die Hoffnung auf Revolution mit den ermordeten Revolutionären begruben.

Es darf hier kein Verschweigen geben und genauso wenig oder beinahe genauso wenig jetzt ein Schweigen. Ein unbedarft fröhliches Fortschreiben der Gegenwart, geschichtsloses Fortfahren in der Geschichte durch jene, die von einem Traum der Zukunft träumen, der sich selbst neu zu träumen in der Lage wäre, der unbelastet von den Albträumen der Vergangenheit bei Null beginnen könnte. Freie Wahl einer neuen Terminologie! Oder auch nur eines neuen Namens, eines unbeschmutzten Namens für das Projekt einer (in aller Regel weniger als) alles umfassenden Emanzipation. Als könnte hier ein *Neuer Name* mehr leisten als die guten, geläuterten, besten Absichten zu bekräftigen. Als könnte er auch an den Gefahren etwas ändern, die unter verändertem Namen unbehindert von wissender Vorsicht fortleben. In ihrer Rhetorik des Bruchs mit einer Vergangenheit, mit der sie nicht brechen können, weil sie sie beschweigen, sie nicht einmal kennen, bestätigen diese *Kommunistinnen der Gegenwart* die Behauptung ihrer Gegner, das Ende der Geschichte sei bereits erreicht, weil für sie *diese* Geschichte beendet ist. Als gäbe es keine Vorfahren, als habe es keine Vorkämpferinnen gegeben. Aber die vergangenen Kämpfe um die Zukunft zu begraben bedeutet unter den fortwirkenden Bedingungen der Niederlage nichts anderes als die Zukunft selbst, eine andere Zukunft zu begraben. Indem sie ihre Utopie rein halten wollen von den gewesenen Gemetzeln, von den Waffen der Revolutionäre, die sich gegen die Revolutionäre richteten, halten sie ihren Traum rein von der Geschichte der Macht und den Kämpfen um sie, halten sie die Utopie rein von der Wirklichkeit, zu der sie drängen sollte. Indem sie das Interesse für die Revolution verlieren, wo diese siegreich war, und nur solche Revolutionäre zu Ikonen erheben, die starben, bevor sie soweit hätten kommen können, bestätigen sie, dass sie nur träumen wollen, aber nicht siegen.

Beide, Kommunistinnen der Vergangenheit wie der Gegenwart, verraten ein weiteres Mal die von Kommunistinnen verratenen Kommunistinnen. Verschweigen und beschweigen die Totgeschwiegenen. Sie arbeiten am Phantasma einer unschuldigen Position, die sich der Illusion hingibt, von vorne, bei Null anfangen oder einfach, ungebrochen fortfahren zu können, ohne die schmerzliche Arbeit über die und an der Geschichte. Aber in diesem Fall (wie vielleicht in allen solchen Fällen) führt die Flucht vor der Geschichte immer nur im Kreis.

## Zwei. Abschied

*»Der Gedankengang, den wir hier verfolgen, [...] beabsichtigt in einem Augenblick, da die Politiker, auf die die Gegner des Faschismus gehofft hatten, am Boden liegen und ihre Niederlage mit dem Verrat an der eigenen Sache bekräftigen, das politische Weltkind aus den Netzen zu lösen, mit denen sie es umgarnt hatten.«* (Benjamin a, 147)

1939 – 50 Jahre vor dem offiziellen Ende des Sozialismus – stirbt die russische Revolution ihren letzten Tod. Vielfache Tode von Menschen werden folgen. Vielfache gingen ihm voraus: Der große Terror (1938/37), die Schauprozesse (1936), der Ausschluss der Opposition (1927) die Niederschlagung von Kronstadt (1921) usf. Und nur noch einmal für drei Jahre wird sie auferstehen, als Gespenst, die Rote Armee, um die Deutsche Wehrmacht zu zerstören, 1943–45.

1939. Es geht darum, den historischen Moment dieses Ereignisses zu vergegenwärtigen, dieses Eintreten eines vorhersehbaren Todes, das Eintreffen der Botschaft davon. Darum, den Ort aufzusuchen, an dem die Kunde am lautesten eintrifft, am dichtesten nachhallt, als hätte die ganze Stadt für eine historische Stunde eine eigene Öffentlichkeit gebildet, sich zu einem Resonanzkörper geformt, um diese Nachricht zu empfangen: Paris.

Dort, in der Rue Le Pelletier 44, befindet sich nicht nur die Führung der kommunistischen Partei Frankreichs, der größten kommunistischen Partei der westlichen Welt seit Zerschlagung der KPD, dort, verteilt in der Stadt und ihren vielen Vororten, halten sich auch tausende kommunistische und sozialistische Emigrantinnen auf, die aus dem faschistischen Italien, dem nationalsozialistischen Deutschland, zuletzt dem francistischen Spanien geflohen sind. Nur, beinahe nur der Kampf gegen den Faschismus hält sie zusammen, in der 1935 letztlich durchgesetzten Einheits- und Volksfrontpolitik (Leonhard W., 118). Von den verschiedensten Orten, aus unterschiedlichsten Kämpfen sind sie gekommen, um hier zu warten, so scheint es, in Grüppchen gegliedert, in Cafézirkeln organisiert, häufig verfeindet bereits, sich misstrauisch beäugend, in der gegenseitigen Abhängigkeit der Emigration. Als hätten sie sich zum Abschied versammelt.

Denn es ist der Moment des Abschiedes, der Moment, in dem sich den letzten, wenn auch nicht den allerletzten, der selbstdenkenden Kommunistinnen die Erkenntnis aufzwingt, dass der Bruch mit der Partei unvermeidlich ist und unaufschiebbar. Und dennoch schieben sie ihn auf, erklären ungläubig die Nachricht für eine Erfindung der bürgerlichen Presse, suchen gläubig nach einer dialektischen Erklärung, die das Geschehen rückbinden könnte, wie so vieles zuvor, in den Sinnzusammenhang einer aufhebenden Strategie, die das Geschehen ungeschehen zu machen vermöge. Aber auch wenn sie, noch im Sommerurlaub, die Überbringerinnen der Nachricht als unglaubwürdig verspotten (Leonhard W., 127; Sperber, 605) oder glauben wollen, wenn das nicht mehr gelingt, dass es sich um ein punktuelles taktisches Manöver handelt, bloßes, verschlagenes Mittel, ist die Sprache der Botschaft doch zu heiter, zu deutlich, als dass sie noch glauben könnten, dass diese Taktik indifferent zur Strategie bliebe, dass auch diesmal noch das Mittel den Zweck unbeschadet lassen sollte, dem es zu dienen vorgibt.

Schon am Morgen des 24. August ist es in allen Zeitungen zu lesen und vor allem zu sehen. Auf dem Moskauer Militärflughafen wird zur Begrüßung der deutschen Delegation die Hakenkreuzflagge gehisst, die Kapelle der Roten Armee spielt das Horst-Wessel-Lied. Stalin und Ribbentrop schütteln einander, lächelnd und für die Kamera, die Hände, dann bringt der Führer der Weltrevolution und des Antifaschismus einen Toast auf Hitler aus: *»Ich weiß, wie sehr das deutsche Volk seinen Führer liebt, ich trinke auf sein Wohl«* (Leonhard W. 15; Sperber, 606).

Indem Stalin den Vertrag unterzeichnet, setzt er seine Unterschrift unter eine Eskalationsdynamik, die von den Nazis betrieben, von den Westmächten gestützt worden war, anerkennt er eine Konstellation imperialistischer Mächte, die die Verteidigungsoptionen der Sowjetunion bedrohlich minimiert. Bereits mit dem Münchner Abkommen im September 1938, zu dessen Aushandlung weder die Tschechoslowakei noch deren Bündnispartnerin Sowjetunion geladen waren, hatten französische und britische Regierung signalisiert, dass sie dem nationalsozialistischen Expansionismus nur begrenzt feindlich gegenüberstanden, indem sie der Forderung Hitlers nach Abtretung des so genannten Sudetenlandes an das Deutsche Reich zustimmten. Das sowjetische Bündnisangebot an die Westmächte im Frühjahr 1939, angesichts des drohenden deutschen Einmarsches in Polen, wurde von diesen mit einer Verzögerungstaktik beantwortet: Zu den Verhandlungen im August schickte die britische Regierung eine niedrigrangige Verhandlungsdelegation, die trotz der drängenden Zeit mit dem Schiff anreiste, über keinerlei Handlungsvollmachten verfügte, kaum militärische Hilfe zusichern konnte und vor allem auf die Frage keine Antwort zu geben im Stande war, wie die SU Polen Beistand leisten solle, wenn die sowjetischen Truppen von der polnischen Regierung keine Durchmarscherlaubnis erhielten. Diese Bedingungen evozieren und legitimieren die sowjetische Perspektive, dass die Regierungen der kapitalistischen Staaten einem Krieg

Deutschlands gegen die Sowjetunion vor allem abwartend, wenn nicht gar begrüßend begegnen würden und lassen einen Nichtangriffspakt als Möglichkeit aufscheinen, diesen Krieg dennoch abzuwenden. Eine Perspektive, die geteilt wird von dem späteren Premierminister Churchill, der nüchtern verkündet: *»If, for instance, Mr. Chamberlain on receipt of the Russian offer had replied, ›Yes. Let us three band together and break Hitler's neck‹ […] history might have taken a different course. At least it could not have taken a worse«* (Churchill, 327). Aus dieser Perspektive erscheint der Pakt als moralisch widerwärtig, aber politisch notwendig, als kaltes, taktisches Kalkül. Stalin selbst scheint das geglaubt zu haben. Noch am Tag des Abschlusses sagt er zu Chruschtschow: *»Natürlich ist alles ein Trick, um zu sehen, wer wen zum Narren halten kann. Ich weiß, was Hitler im Schilde führt. Er glaubt, er ist schlauer als ich, aber in Wirklichkeit habe ich ihn überlistet!«* (Chruschtschow, 141).

Zeit und Raum soll der Pakt der Sowjetunion verschaffen; Zeit, indem der erwartete Angriff Deutschlands um mehrere Jahre hinausgezögert wird, Raum, indem die Grenzen der Sowjetunion um einige Kilometer nach Westen ausgedehnt werden, indem, wie vom geheimen Zusatzprotokoll vorgesehen, das Territorium der SU um einige Länder erweitert wird – um Finnland, Estland, Lettland und Litauen, um Bessarabien, Bukowina und Ostpolen. Zeit und Raum, die die Sowjetunion nutzen will, um ihre Verteidigung vorzubereiten, die Aufrüstung anzutreiben; Zeit und Raum, die der SU trotz Bemühungen, sie zu nutzen, nichts nützen werden – weil sich das Kalkül, die Wehrmacht werde im Krieg gegen England und Frankreich aufgerieben und eröffne keine zweite Front, nicht erfüllen wird, weil die neuen Verteidigungslinien nicht ausreichend befestigt und in wenigen Wochen überrannt sein werden, weil erst die riesigen

Rohstofflieferungen Russlands Deutschland befähigen werden, seine Kriegsmaschine zu beschleunigen und auszudehnen (Hillgruber, 31; Zeidler, 93), weil alle erfahrenen Generäle und ein Großteil der Offiziere der Roten Armee bereits vom stalinschen Terror hinweggerafft wurden. Noch die präzisesten Warnungen – von Spion Sorge, von Churchill (Kremer, 22), von Tschiang Kai-schek (Dimitroff, 392) – über Zeitpunkt und Umfang des »Unternehmens Barbarossa« wird Stalin ignorieren. Am Tag des Angriffs wird ein Großteil der von den Deutschen zugesagten Kriegsmaterialien einbehalten worden sein, werden die Panzerkreuzer, zu deren Bau sich die Deutschen verpflichtet haben, noch unfertig in ihren Häfen liegen (Chruschtschow, 144), während die Wehrmacht beim Einmarsch in die SU auf Züge mit sowjetischen Lieferungen stoßen wird, die überpünktlich die Grenze passieren. Das militärische Verhältnis zwischen Sowjetunion und Deutschem Reich wird 1941 schlechter sein als 1939 (Bühl, 18; Birkenfeld, 508 f).

Das wissen die Kommunistinnen nicht, die am 24. August 1939 aus der Zeitung oder aus Gerüchten vom Pakt erfahren, sie wissen nicht und können nur ahnen, auf welcher Grundlage der engste Führungskreis der SU sein taktisches Kalkül bildet, und um welches Kalkül es sich handelt, sie wissen nicht und können nicht wissen, dass es neben dem offiziellen noch einen geheimen Vertrag gibt, der geheim bleiben wird, in der SU, bis 1989. So wie sie auch vom Pakt selbst, von den Vorbereitungen hierfür nichts wissen, nicht konsultiert wurden, nicht einmal informiert. Für fast niemanden sind die Bilder vom Hände schüttelnden Ribbentrop, vom für Hitler lächelnden Stalin deshalb erwartbar, fast niemand ist auf ihr plötzliches Erscheinen vorbereitet – nicht die Mitglieder des Politbüros, die, nur kurz zuvor informiert, jagen gehen am Tag des Abkommens (Chruschtschow, 140), nicht die Kader der Komintern, die höchstens Gerüchte vernehmen (Leonhard W., 24 ff), erst recht nicht die gemeinen Genossinnen, die angesichts der veröffentlichten Bilder in Starren verfallen. *»Für uns«*, schreibt Ruth von Mayenburg, die sich zu dem Zeitpunkt in Russland aufhält, *»blieb die Kreml-Uhr stehen«* (Leonhard W, 34).

Der *»Schock des Hitler-Stalin-Paktes«* (Leonhard W., 1) löst weltweit Erschütterungen aus, ein Beben, das um die Erde geht und erst Lähmung hinterlässt, dann in schneller Folge Risse und Spaltungen hervorruft. Zunächst, aber keinesfalls nur, in den internationalen kommunistischen Parteien, vor allem der KPUSA und der KPF, von denen letztere, nachdem sie jahrelang im Bündnis mit sozialdemokratischen und liberalen Kräften alle politischen Differenzen dem Primat des antifaschistischen Kampfes untergeordnet hatte, dadurch von 40.000 auf 270.000 Mitglieder angewachsen war (Leonhard W., 117), sich jetzt plötzlich objektiv und nach kurzem Zögern auch subjektiv auf der Seite der deutschen Regierung wiederfindet. Dann in den Lagern, den französischen, in welche die Regierung nach der Kriegserklärung alle Immigrantinnen, zumindest die männlichen, als potentielle politische Gegner sperrt, im berühmten Lager Cépoy etwa, in dem der Mitbegründer der oppositionellen KPO, Heinrich Brandler, der *»trotz aller Kritik«* in Stalin immer noch die *»Hoffnung der Antifaschisten«* (Leonhard W., 88) gesehen hatte, eine nachhaltige Veränderung der Stimmung zugunsten der Dissidenten und gegen die Linientreuen verzeichnet. Und weiter in allen Ländern, an allen Orten, wo Diskussionen möglich sind, aber auch dort, wo sie unmöglich erscheinen, heimlich in der Sowjetunion, und auch in Deutschland selbst, im Untergrund des illegalen Widerstandskampfes, in den Zuchthäusern und, sogar, in den KZs (Leonhard W., 93 ff).

So im Zuchthaus Brandenburg, dessen innere Zustände gleich zweimal beschrieben sind, einmal in den Memoiren des linientreuen Erich Honecker, ein zweites Mal in denen des Dissidenten Heinz Brandt. Während der eine behauptet, die Mehrheit der inhaftierten Genossinnen sei vom Nichtangriffsvertrag spontan angetan gewesen und habe ihn als *»diplomatischen Erfolg«* gefeiert, berichtet der andere von einer scharfen Spaltung in Folge des Paktes, von einer fatalen Aufkündigung der bisherigen Solidarität der Häftlinge untereinander gegenüber dem Zuchthaussystem (ebd., 88 ff). Eine Spaltung, die in ihrem Effekt im stalinistischen Herrschaftsinteresse liegt, insofern sie nicht nur auf einer fundamentalen inhaltlichen Differenz beruht, sondern zugleich in einer spezifisch autoritativen Form aufgerufen und prozessiert wird, die sie unüberbrückbar macht für politische Diskussionen. Weil sie von einer Entscheidung initiiert wird, für die es keine vorhergehende Diskussion gibt, keine transparente Grundlage, keine gemeinsame Konstitution, ist das Einzige, an das sich die noch klammern können, die den Absprung in die Opposition nicht schaffen, nur Glaube, Gehorsam, blindes Vertrauen. Restlos ihren Autoritäten ausgeliefert, muss jeder Aggressionen bei ihnen wecken, der an der Unfehlbarkeit des guten Führers zweifelt. Restlos ihr Urteilsvermögen an den weisen Lenker abtretend, muss sie eine regressive Resignation befallen, die Leopold Spira bündig in einem Satz rekonstruiert: *»Stalin weiß schon, was man tun soll«* (Spira, 43).

Zwei Positionen stehen sich unter den feindlichsten Bedingungen des nazistischen Zuchthauses feindlich gegenüber, zwei Positionen, die beide nach einer Erklärung für die unerklärliche Situation suchen, die sich beide im Rekurs auf historische Analogien als legitime Erbinnen der sozialistischen Tradition auszuweisen versuchen. Zum einen in Analogisierung des Nichtangriffspaktes mit dem Friedensvertrag von Brest-Litowsk, der die Sowjetunion aus einem imperialistischen Weltkrieg herauszuhalten vermochte – was implizit den wirtschaftlich-militärischen Fortschritt der SU nivelliert und explizit die Unterschiede zwischen bürgerlich-demokratischem und nationalsozialistischem Kapitalismus relativiert. Zum anderen in Analogisierung des Hitler-Stalin-Paktes mit der Bewilligung der Kriegskredite durch die deutsche Sozialdemokratie. So wie der pazifistische Internationalismus der zweiten Internationale an einen imperialistischen Nationalismus verraten wurde, so der antifaschistische Internationalismus der Dritten Internationale an den Sicherheitsnationalismus der Stalinschen Außenpolitik.

Zwei antipodische Positionen – Krieg oder Frieden – die keinen Raum für Vermittlung lassen können und die dennoch Raum gelassen haben für eine Großzahl der Schwankenden, der Unentschiedenen, die mit dem deutsch-sowjetischen Nichtangriffsvertrag und dem im September folgenden Grenz- und Freundschaftsvertrag eine ganz andere, eine konkretere Hoffnung verbinden, die Hoffnung auf Massenamnestie. Ohne wissen zu können von den Auslieferungen tausender Gefangener der Sowjetunion an das nationalsozialistische Deutschland, gegen die sie – nicht in der nationalistischen Logik der Staatsbürgerschaft, aber in der politischen Logik der kommunistischen Internationale – ausgetauscht werden könnten, hoffen sie auf ihre Freilassung. Im Berliner Gefängnis sitzend, hoffen sie, die internationalen Mobilisierungen zur Freilassung Ernst Thälmanns könnten unter der Bedingung der neuen, der *»freundschaftlichen«* Beziehungen zwischen Deutschem Reich und Sowjetunion endlich Wirkung zeigen, ohne wissen zu können, was der Generalsekretär der Kommunistischen Internationale, Dimitroff, in Moskau noch drei Monate vor Beginn des deutschen Überfalls in seinem Tagebuch protokolliert:

*»29. 3. 41 [...] – Wegen der [Befreiungs-]Kampagne zum 55. Geburtstag von Thälmann hat W[jatscheslaw] M[ichailowitsch] [Molotow] Zweifel. Es wäre peinlich, wenn im Ausland eine lebhafte Kampagne entfaltet wird, aber wir hier nichts unternehmen. Hier etwas zu unternehmen ist jedoch politisch kaum zweckmäßig, da wir gegenüber den Deutschen weiterhin eine nichtfeindliche Politik betreiben.«* (Dimitroff, 364)

Politisch kaum zweckmäßig. Die geheimen, erst nach 1990 veröffentlichten Tagebücher Dimitroffs sprechen die offene Sprache geheimer Sitzungen, die, weil sie geheim sind, nichts verheimlichen, und in denen sich somit vor allem lesen lässt, was vor den Feinden gar nicht mehr verheimlicht werden braucht, weil es nicht mal mehr als Geheimnis existiert. Der Antifaschismus etwa, der, wäre der Hitler-Stalin-Pakt einem kühlen Kalkül entsprungen, lediglich von der Oberfläche hätte verschwinden müssen, um hinterhältig wieder aufzutauchen – in der Politik der Kommunistischen Internationale, die zwar faktisch von Moskau gesteuert wurde, aber eben heimlich. Aber es gibt nichts zu verheimlichen. Die Befreiung antifaschistischer Gefangener ist politisch nicht zweckmäßig, weil es der Zweck selbst ist, den diese mittelmäßige Politik verloren hat. Nur sechs Tage nach Kriegsbeginn protokolliert der große Steuermann der Kommunistischen Internationale,[5] der im Reichtagsbrand

5 »1. 5. 39 Herrliches Wetter. Eine wunderbare Parade und Demonstration! Neben Portraits der Politbüromitglieder auch Portraits von D[imitroff]. Unter den von der Tribüne verkündeten bekannten Losungen auch ›Es lebe der Steuermann der Komintern D[imitroff]‹. [...]
7. 6. 39 [...] Mit der Fahrschule begonnen. [...]

berühmt gewordene und maßgeblich für den antifaschistischen Kurswechsel beim 7. Weltkongress verantwortliche Dimitroff, brav folgende Analyse Stalins:

> »*7. 9. 39 – Im Kreml (Stalin, Molotow, Shdanow). Stalin: – Der Krieg wird zwischen zwei Gruppen von kapitalistischen Staaten geführt – (arme und reiche in Hinblick auf Kolonien, Rohstoffe usw.) um die Neuaufteilung der Welt, um die Weltherrschaft! – Wir haben nichts dagegen, dass sie kräftig aufeinander einschlagen und sich schwächen. – Nicht schlecht, wenn Deutschland die Lage der reichsten kapitalistischen Länder (vor allem Englands) ins Wanken brächte. – Hitler selber zerrüttet und untergräbt, ohne es zu verstehen und zu wollen, das kapitalistische System. […] – Der Nichtangriffsvertrag hilft Deutschland in gewissem Maße. […] – Die Kommunisten der kapitalistischen Länder müssen entschieden gegen ihre Regierungen, gegen den Krieg auftreten. […] – die Unterscheidung der kapitalistischen Länder in faschistische und demokratische hat ihren bisherigen Sinn verloren. […].*« (Dimitroff, 273 f)

Die Unterscheidung der kapitalistischen Länder in faschistische und demokratische hat ihren bisherigen Sinn verloren – aber einen neuen Sinn gewonnen. Nicht gleich sind Deutschland, England und Frankreich in diesem »*imperialistische[n], ungerechte[n] Krieg, an dem die Bourgeoisie aller kriegsführenden Staaten gleich schuldig ist*« (Dimitroff, 275), sondern ungleich im Hinblick auf Rohstoffe und Kolonien, Armut und Reichtum. Das arme Deutschland ist

13. 6. 39 […] Habe den Wagen gut gelenkt. In der Kurve zum Sanatorium ist der Wagen gegen einen Baum geprallt. Das Auto ist vorn beschädigt und R[osa] Ju[ljewna] hat sich das Bein gestoßen.
<Gott sei Dank!> […]« (Dimitroff, 262 f).

zum sozialistischen Sympathieträger geworden, zum Agenten des Antiimperialismus wider Willen und Wissen, der im Kampf um die *»Befreiung vom Versailler System«* (Dimitroff, 381) die führenden Imperien schwächt und hierbei von der Sowjetunion Hilfe erhält.

Von hier aus wird das völlige Verschwinden des Begriffs Antifaschismus in den Texten Dimitroffs entzifferbar, in denen das Wort Antifaschismus nur noch zur Diskreditierung der *»Apostel des antifaschistischen Krieges«* (Keller, 28) auftaucht. Von hier aus wird auch die Beobachtung Wolfgang Leonhards nachvollziehbar, wenn auch nicht verstehbar, dass nach dem Hitler-Stalin-Pakt sämtliche antifaschistische Literatur aus den sowjetischen Bibliotheken verschwindet, antifaschistische Theaterstücke und Filme z. B. von Lion Feuchtwanger verboten werden und nach dem Freundschaftsvertrag plötzlich sogar Nazizeitungen ausliegen. Vollkommen unbegreiflich, weil aus keinem machtpolitischen Kalkül mehr deduzierbar, muss aber jene kleine Anordnung Berias bleiben, die es dem Wachpersonal der Gulags untersagt, die politischen, das heißt die meist antifaschistischen Häftlinge, die häufig unter der Anklage »trotzkistisch-faschistischen Diversantentums« verurteilt worden waren, weiter als Faschisten zu beschimpfen (Leonhard W, 74).

Als hätte die Dialektik von Mittel und Zweck eine historische Dekonstruktion erlitten, wird die notwendige Grenze, die zwischen ihren Polen gezogen wurde, zunehmend instabil, gerät ihre innere Hierarchie ins Rutschen, über die Unentscheidbarkeit hinaus, eine Verselbstständigung des taktischen Mittels gegenüber dem strategischen Zweck bis zu dem Moment ihrer Verkehrung. Verkehrung von proletarischer Internationale und Nationale des einzigen Arbeiterstaats, Verkehrung von disziplinierter Revolution und revolutionärer Disziplin, Verkehrung von Klasse und Partei, von Krieg und Frieden. Diese Verkehrung ist zu mächtig, als dass sie von jenen, die an ihr teilhaben, als dass sie von innen noch zurückgenommen, umgekehrt, zurückgedreht werden könnte. In dieser Situation lässt sich eine Klärung nicht mehr von innen erreichen, kann eine Kritik nicht länger solidarisch, nicht innerhalb des von der Partei gesetzten Rahmens vorgebracht werden. Unter Bedingungen von Illegalisierung, sich abzeichnendem und die Sowjetunion wie die bürgerlichen Staaten bedrohendem Krieg und einer abgeschlossenen Stalinisierung, der Subsumtion der Partei unter den Apparat, lässt sich die Verkehrung von Mittel und Zweck nicht mehr immanent umkehren oder zumindest aufhalten. Sondern nur noch von außen, nur durch Bruch.

Dennoch stocken und taumeln die Kommunistinnen, denen sich die Erkenntnis von ihrem Irrtum und Scheitern mit der Gewalt eines auf letzter Eskalationsstufe befindlichen historischen Prozesses aufdrängt. Vor diesem letzten Schritt schrecken sie zurück. Die Kommunistinnen, die ohne zu zögern ihre Herkunftsorte verlassen haben und ein gesichertes Leben, die ohne Aufschub Abschied genommen haben von überlieferten Überzeugungen wie von ihren Familien, ihren Freundinnen und nicht selten Genossinnen, zögern jetzt, zögern den Abschied von der Partei heraus. Scheinbar ohne Angst haben sie sich in Gefahr gebracht, in bewaffnete Auseinandersetzungen, in die Gefängnisse und Folterkeller. Jetzt haben sie Angst. Warum diese Angst? Woher dieses Zögern? Die einfache Figur der Verselbstständigung gemäß eines – wer einmal lügt, dem glaubt man nicht, wer zu viel lügt, der glaubt sich selbst – reicht nicht hin zu einer Erklärung. Es ist nicht die Gewohnheit der Institution, die die Kommunistinnen an die Kommunistische Partei bindet. Denn sie *wollen glauben.* Sie wollen nicht aufhören zu glauben. Wollen nicht glauben, können nicht glauben, können nicht glauben wollen, dass falsch war, woran sie geglaubt haben. Denn mit der Vergangenheit, die sie in Zweifel ziehen, wird auch die Zukunft zweifelhaft, der sie die Vergangenheit opferten. Mit der kommunistischen Partei wird auch die kommunistische Zukunft, die Zukunft des Kommunismus ungewiss, die ihnen gewiss schien, so lange sie auf Seiten der Partei für diese kämpften. Wie also Abschied nehmen von der Partei, die nicht nur die eigene Vergangenheit und Gegenwart, sondern auch die eigene Zukunft darstellt, garantiert und *ist?* Wohin sonst sollten sie gehen, mit wem sich verbünden, mit wem kämpfen, wenn nichts übrig bleibt außer ihr? Wie sie verlassen, nachdem das Politische in jedes Moment des Alltags gekrochen war, keine Freundinnen mehr existierten, außer den Politischen, außer jenen Politischen, die die Partei genehmigte, nachdem die Kontakte zu Bekannten, Verwandten, Geliebten abgebrochen waren, weil keine Zeit für sie blieb, nicht bleiben durfte, auch und nicht zuletzt um sie zu schützen (Sperber, 202); wie also Abschied nehmen von dieser letzten Freundin, dem großen Versprechen, dass die Einsamkeit ein Ende nehmen würde?

Doch selbst dort, wo sie es schaffen, Abschied zu nehmen, wo sie mit der Partei brechen, in aller Regel weil die Partei mit ihnen bricht, nehmen sie nicht Abschied, nicht wirklich, weil es keine Ankunft gibt für sie, keinen Ort, an dem sie ankommen könnten, an dem sie willkommen wären. Jetzt sind sie umzingelt von Feinden. Verstoßen von ehemaligen Genossinnen, bedroht von bewaffneten Schergen des Apparates, die die Emigrantinnen infiltrieren und kontrollieren, bedroht von den alten Feinden, der Internationale des Kapitals, den bürgerlichen Antikommunistinnen, die die Wehrmacht Richtung Moskau marschieren lassen wollen, bedroht vom Faschismus, dem italienischen, dem spanischen, bedroht vor allem vom Nationalsozialismus, der seine Grenzen erweitert und damit seinen Zugriff auf die Objekte seiner langen Listen, Jüdinnen zuallererst, Sinti und Roma, dann Kommunistinnen, Antifaschistinnen. Selbst dort, wo sie sich nicht mehr auf die Seite der Partei, in ihren Dienst stellen, stellen sie sich nicht gegen sie. So nötig es auch wäre.

Manès Sperber erzählt die fiktive Geschichte einer Gruppe von Kommunistinnen, die, selbst bereits Gejagte der Partei, sich in Paris verstecken, Intellektuelle, die zu publizieren begonnen haben, aber keinen Ort haben, an dem sie publizieren könnten, niemanden, der ihre Texte lesen wollte, den als Leserin sich vorzustellen sie wagen würden. In einer Nacht des Jahres 1939, es regnet und das Wasser prasselt laut auf die Fenster der Dachluken, übertönt nur von dem häufiger werdenden Probealarm der Luftschutzsirenen, erhalten sie unerwarteten Besuch. Dem Menschen, dem sie die Tür öffnen, dessen Erzählungen gegenüber sie als erste seit sehr langer Zeit offen sind, ist die Erschöpfung anzuspüren und mehr noch das Misstrauen. Niemand, dem er seine Geschichte bis hierhin erzählte, hat ihm Glauben oder auch nur Aufmerksamkeit geschenkt, als Verräter haben sie ihn bezeichnet, als Provokateur. In Prag die tschechischen Kommunistinnen, die Emigrationsleitung der deutschen Partei, in Paris die KPF. Die Kommunistinnen reagieren so, wie sie nach den übereinstimmenden Berichten verschiedenster ehemaliger Gulag-Häftlinge (Buber-Neumann, 416 f; Kuhn, 44 ff) nahezu immer reagieren. Sie wollen nicht wahrhaben, dass er aus einem Lager kam, aus dem Norden Sibiriens, dass er geflohen ist aus sowjetischer Gefangenschaft, dass er nur fliehen konnte, weil ein begnadigter, ein sterbender Russe ihm seinen Namen schenkte und damit sein Recht auf Freiheit. Damit er herauskam, nur um zu berichten, nur um die Welt, und das heißt, die kommunistische Welt – denn nichts soll nach außen dringen – informieren zu können. Um sie zu Hilfe zu rufen, um die Befreiung von zehntausenden Genossinnen zu verlangen. 600 Namen von gefangenen Kommunistinnen hat er sich einprägen wollen, 563 hat er sich merken können. Und er zählt sie auf, alle, während die Exilantinnen lauschen; begleitet von den Geräuschen des Regens auf der Dachluke. Die Pariser Emigrantinnen, die Abtrünnigen der Partei, hören über Stunden die Namen, die er aufzählt – und sie glauben ihm. Und dennoch werden sie ihm nicht helfen, weil es nicht in ihrer Macht steht, innerhalb der Partei etwas für ihn und die Inhaftierten zu tun. Und sie werden es verweigern, nach anderen Bündnispartnerinnen zu suchen, werden sich davor hüten, sich einer nur scheinbar neutralen Öffentlichkeit anzuvertrauen. *»Der Grund«*, erwidert einer von ihnen, nachdem der Botschafter geendet hat, *»hat einen Namen – Hitler«* (Sperber, 549 ff).

Der scheinbare wie offensichtliche Zynismus dieser Entscheidung darf nicht dazu verleiten, von dem Zynismus dieser historischen Situation zu abstrahieren, erst recht nicht im Nachhinein, und das heißt hier und jetzt vor allem nach den deutschen Vernichtungslagern, nach Auschwitz, das zu dieser Zeit weder vorstellbar noch vorhersehbar war. Die Gewalt dieser Entscheidung ist eingelagert in die Gewalt dieser geschichtlichen Situation, durch welche die Idealität jeder politischen oder auch nur ethischen Position eine spezifische Materialität gewinnt. Materialität des Positionierungszwanges in einem dichotomen Feld der Politik, Materialität dieser Dichotomie in einer historisch spezifischen Situation, in der jede Entscheidung vor der Frage geprüft werden muss, ob sie Deutschland schadet oder nicht. Durch dieses Tor muss jede Politik gehen, vor dieser Prüfung bestehen. In ihr erhält die Losung ihr besonderes Gewicht, die als Losung des Stalinismus bereits vorher und unerkannt lange danach bis heute[6] die Auseinandersetzun-

6 So etwa, ein halbes Jahrhundert später, Deutschland der 80er Jahre. Die ›erste Generation‹ der RAF sitzt seit über 10 Jahren im Knast, Irmgard Möller ist die einzige Überlebende der Stammheimer Todesnacht. Draußen gibt es zum ersten Mal seit der post77er Depression wieder Bewegung und militante Aktionen (Häuserkampf etc.) von Gruppen, die auch die RAF kritisieren. Oliver Tolmein: »Ich hatte damals nichts mit euch zu tun, aber mit antiimperialistischen Gruppen, die mit euch sympathisierten, und da wurde jedwede Kritik an der RAF und den Gefangenen ziemlich ungnädig aufgenommen …« Irmgard Möller: »Ja, das haben wir drinnen auch mitbekommen. Und es war sicher ein schwerer Fehler, dass wir dazu nichts gesagt haben. Uns war es damals vor allem wichtig, unseren Feinden keine Munition zu liefern. Wir haben befürchtet, wenn wir uns in diese Auseinandersetzung einmischen, dann arbeiten wir denen in die Hände. Damit haben wir uns die Hände selbst gebunden.« Auch die (neue Generation der) RAF macht wieder Aktionen, die sich jetzt verstärkt gegen US-amerikanische Militäreinrichtungen wenden. Bei einem Anschlag auf eine US-Air-Base wird, um sich seiner ID-Karte zu bemächtigen, der Soldat Pimental erschossen. Tolmein: »Aber wenn das in euren Augen ein Bruch mit dem darstellte, was RAF war und gemacht hat, hättet ihr doch auf jeden Fall öffentlich was sagen müssen. Es bestand doch die Gefahr, dass so was nochmal passierte, dass die RAF sich in eine Richtung weiterentwickelte, die ihr ganz falsch fandet.« Möller: »Wir waren damals froh, dass es draußen viel Kritik an der Aktion gab, auch von anderen militanten Gruppen. Wir selber wollten nichts sagen, weil wir dachten, das würde so wirken, als fielen wir ihnen in den Rücken. Das hätte als Aufkündigung der Solidarität verstanden werden können, und das wollten wir auf keinen Fall. Das war eine, wie ich heute denke, ziemlich verrückte Überlegung, und ich würde das nie wieder so machen. Aber damals schien es uns nicht anders zu gehen« (Tolmein/Möller, 163, 180).
Vergleichbare Logik unter nicht vergleichbaren Bedingungen. Denn diese Fraktion der Roten Armee befand sich entgegen ihrer gelegentlichen Selbstwahrnehmung nicht im Kampf mit dem nicht selten in USA/Israel verorteten Faschismus (vgl. Tolmein b), sondern mit dem / in dem postnazistischen Deutschland, dessen Notverordnung / Aussetzung der Gewaltenteilung /

gen, auch und gerade jener um Emanzipation, strukturiert: Kritik schadet (vgl. Kuhn, 22, 58, 83).

*Kritik schadet,* das auch von gegenwärtigen Kommunistinnen wieder bemüht wird, um der Verdrängung vergangener Kommunistinnen eine politische Rationalisierung angedeihen zu lassen. Eine gespenstige Einigkeit traditioneller wie traditionsloser Kommunistinnen, die die Gespenster der von Kommunistinnen ermordeten Kommunistinnen im Namen des Kommunismus zu exorzieren trachten. Denen das Gedenken der Opfer – gerade jetzt (was für ein Hohn, welche Verhöhnung der Antifaschistinnen) im Dienst einer neoliberalen Allianz der Alten Mächte zu stehen scheint, deren theoretischer Waffe der Totalitarismustheorie das Erinnern der Toten die Munition liefere. Ohne die Materialität einer vergleichbaren historischen Gewalt für ihre Entscheidung in Anspruch nehmen zu können, ohne die realistische Gefahr eines Neuen Nationalsozialismus verlängern sie die Losung des Stalinismus, dem sie sich doch selbstverständlich in ihrem Selbstverständnis am fernsten fühlen: Kritik schadet.

*Kritik schadet,* das immer dort auftaucht, wo sich die Flächen des Kampfes zu Fronten verdichten, flachen und glatten Linien der verfeindeten Seiten, die sich fugenlos gegeneinander schließen. Die dichotome Logik, die das Freund/Feind-Schema organisiert, zeitigt identitäre Effekte in zwei Richtungen, sie homogenisiert die Pole, wie sie den Raum zwischen ihnen nivelliert (vgl. sinistra, 1). *»Es gibt kein Niemandsland zwischen den Fronten; wendet man sein*

Rückwirkungsverbotumgehung / Verbot des Sammelmandats / and so on zwar Züge faschistischer Fratze aufweisen – aber ein Grinsen macht eben noch keine Katze.

*Gesicht gegen die einen, wird man, ohne es zu wollen und es verhindern zu können, zum Vortrupp der anderen, eben jener, die zu vernichten doch noch die vordringlichste Aufgabe bleibt«* (Sperber, 445). »*Zwischen den Barrikaden steht man nicht, da fällt man, zweimal getroffen, zweimal getötet«* (ebd., 31). Es gibt kein Niemandsland zwischen den Linien und keines, auch kein Freundesland, hinter ihnen. Nur die Einheit des eindimensionalen Raumes. Nur Treue und Gehorsam gegenüber der Linie der Partei.

Aber andererseits, was kann ein Text ausrichten – und hätte er auch die besseren Argumente, verfügte er über die Waffen eines gewissen zwanglosen Zwangs – gegen diese machtvolle Dynamik der Macht selbst, die ihn so zwingend wie zwanghaft mit einem binären Code decodiert? An wen adressiert sich ein Text, der sich selbst in einem Außerhalb der Auseinandersetzung seiner Adressatinnen imaginiert, der nur im Raum eines imaginären Außerhalbs des ›danach‹ oder ›davor‹ reflektiert und – vielleicht – nur in ihm reflektieren kann? Nichts leichter als ein pazifistisches Programm zu verabschieden – in Zeiten des Friedens.

Wie hoffnungslos naiv ist jede enthaltsame Kritik, die erneut die Wahrheit gegen die Macht in Stellung, eine abseitige Stellung bringt, so hoffnungsvoll, so voller Hoffnung auf eine bessere Welt diese Naivität auch sein mag. »*Es reicht nicht für die Menschen zu sterben«*, erwidert ein Kommunist Manès Sperbers auf die moralische Kritik eines Christen, »*man muss für sie morden«*.[7]

7 » ›Ihr Kommunisten wollt vielleicht das Gute‹, sagte mir einmal mein Vater, ›aber ihr habt kein Erbarmen mit den Armen. Ihr habt kein Erbarmen mit euch und darum glaubt ihr, dass euch alles erlaubt ist. Unser Heiland hat mit sich kein Erbarmen gehabt, aber er hat die Menschen geliebt. Ihr liebt niemanden und niemand liebt euch‹ [...] Ich habe ihm geantwortet: Mag sein

Die Kritik der Macht, der Mächtigen, affirmiert die – eigene – Machtlosigkeit. Vom Phantasma der Unschuldigkeit motiviert, wird sie die Bestätigung ihrer moralischen Überlegenheit gegenüber der Welt immer nur aufrechterhalten können durch die Bestätigung ihrer Getrenntheit von dieser. Auch die radikalste Kritik, die jede Entscheidung zwischen falschen Alternativen verweigert mit Verweis auf die erzwungenen Verhältnisse, unter denen sie sich als falsche stellen, steht in dieser Gefahr. Es sollte somit nicht verwundern, wenn die *Ethisierung des Sozialen* immer dann eine Wiederkehr erlebte, wenn die Möglichkeiten der Kritik, Einfluss zu nehmen auf die Geschichte, besonders gering erscheinen. So unter Bedingung des postsozialistischen Traumas, nach 1989. Der Rückzug ins Moralische wäre dann – ohne es zu wissen – in doppelter Weise Reaktion auf das Scheitern der kommunistischen Bewegung. Zum einen auf ihre letztliche Niederlage, die globale Entgrenzung kapitalistischer Wertvergesellschaftung, die rückwirkend jeden Ausbruchsversuch aussichtslos erscheinen lässt, zum anderen auf ihren anfänglichen Erfolg, ihren vorgetäuschten Sieg, dessen tausendfach tödlicher Verschuldung gegenüber sich der alte erhobene Zeigefinger (des Moralapostels) wie ein antiautoritäres Vorzeigebeispiel ausnimmt. Es ist die alte Rechnung, Unschuld im Tausch gegen Ohnmacht. Aber die Rechnung geht nicht auf. Indem sie sich

ihr habt recht, Vater. Aber vielleicht kann man die Menschen nicht erlösen, wenn man sie zu sehr liebt. Der Heiland hat die Welt erlösen wollen, aber es ist ihm nicht gelungen. Es genügt nicht, für die Menschen zu sterben, man muss für sie morden, Vater. Es ist ein Fluch, Erlöser zu sein, die Welt ist zu böse, ihre Erlöser können nicht gut sein. [...] Wir, wir hassen die Armut, wir sind Empörte. Wir verachten den Armen, der Erbarmen erwartet oder es gar verlangt. Wir wollen, dass er sich empöre - gleich uns. Aus Mitleid wird man vielleicht Sozialdemokrat. Wir, wir aber dürfen kein Mitleid kennen. Zerstört man eine Welt aus Mitleid, baut man mit ihm eine neue auf?« (Sperber, 23 f).

anmaßt über die moralische Wertigkeit einer Entscheidung zu entscheiden, unter Absehung der Bedingungen dieser Entscheidung, imaginiert die Ethisierung des Sozialen eine Freiheit, um deren Fehlen es gerade geht, sieht sie von dem Entscheidenden ab: der Geschichte. Die Menschen entscheiden, doch entscheiden sie nicht unter frei gewählten, sondern unter vorgefundenen Bedingungen. Die Kommunistinnen wissen darum. Weder die Wahl der Waffen noch die der Moral gilt ihnen als voraussetzungslos. In nüchternen Bestimmungen der äußeren Bedingungen – oder in vorauseilendem Gehorsam diesen gegenüber – hängt für sie alles ab von der historischen Konstellation. In diesem Fall, in dieser singulären Situation scheint sie vollständig determiniert vom Auftauchen des Nationalsozialismus. Selbst bereits Resultat historischer Prozesse, an denen die Kommunistinnen als geschichtsmächtige Subjekte zu einem nicht geringen Teil mitverantwortlich sind – Scheitern der Revolution 1918/19, Niederlage der deutschen Arbeiterinnenbewegung 33 – scheint seiner Bekämpfung gegenüber jetzt alles andere zurückgestellt werden zu müssen. Das sind die Bedingungen der Entscheidung für oder gegen die Partei, die zu rekonstruieren sind. Das sind die Bedingungen unter denen die Kommunistinnen, die nicht mit der stalinistischen Partei brechen, ihre falsche Entscheidung treffen. Sie konstituieren die Materialität einer binären Logik, aus der sich nicht einfach, nicht unschuldig aussteigen lässt, deren Konsequenzen sich aber bis zu den historischen Umschlagpunkten vorverfolgen lassen, an denen sie sich gegen sich selbst wendet. An denen die Partei sich gegen die Parteilichkeit richtet.

## Drei. Partei

*»Geheimnisvolle Diplomatie der Zukunft«* (Glaser, 261)

*»It starts with: dreams are for those, who can not endure, who are not strong enough for reality; it ends with: reality is for those, who are not strong enough to endure, to confront their dreams.«* (Žižek, 1.09)

1937, in diesem langen Jahr, das *»mit dem ersten Moskauer Schauprozess im August 1936 beginnt und bis zum«* vorerst *»letzten Schauprozess im März 1938 reicht«* (Schlögel, 50), feiert die Oktoberrevolution ihren zwanzigsten, feiert sie ihren letzten Geburtstag; 1937 im Tosen des Großen Terrors, geht die russische Revolution unter, ersäuft im planmäßigen Rausch, erstickt – an sich selbst. Unabhängig davon, von wo sie gekommen ist, unabhängig davon, wann genau sie begonnen hat, erringt die Konterrevolution jetzt ihren finalen Triumph. Denn es ist, ohne allen Zweifel, eine Konterrevolution, die in diesem langen Jahr zu ihrem Abschluss kommt. Sie ist es, weil sie die Revolution beendet, ihre letzten Überbleibsel begräbt, zunächst, vor allem, die Revolutionäre. Von den 1966 Delegierten des 17. Parteitages, des Parteitages der Sieger 1934, sind keine fünf Jahre später 1108 verhaftet, verschleppt, erschossen, verscharrt (Montefiore, 148), von den 136 Parteisekretären, die das Adressbuch für Moskau und Umgebung 1936 auflistet, noch 7 im Amt (Schlögel, 50). Die Rote Armee verliert 1937 mehr höhere Offiziere als je eine Armee in Friedenszeiten, die exilkommunistische Partei Japans wird, ebenso wie diejenige Deutschlands, dezimiert, die polnische restlos liquidiert. In Leningrad, Hauptstadt der Revolution, werden, ähnlich wie auf dem gesamten Gebiet der RSFR, 90 % aller Parteikader verhaftet, die *»trotzko-faschistischen Wanzennester ausgeräuchert und zerstört«* (Werth, 215). Die Konterrevolution ist gründlich. Aus Woronesch telegraphiert der Parteiarbeiter Andrei Andrejew nach Moskau: *»Hier existiert kein Büro mehr. Alle Kader sind als Feinde verhaftet. Jetzt weiter nach Rostow«* (Montefiore, 290).

Es ist ohne allen Zweifel die stalinistische Konterrevolution, die die Revolution im gemeinsamen Lieblingsvokabular beider *»liquidiert«*, und sie ist es gleichzeitig, mit Sicherheit, nicht. Zu keinem Zeitpunkt deklariert sich diese Konterrevolution als Konterrevolution, zu keinem Zeitpunkt erklärt sie offen den Errungenschaften der Revolution den Krieg, sondern erklärt den Krieg vielmehr der Konterrevolution selbst. Nicht von außen bricht sie über die *»sozialistische Heimat«* herein, sondern von innen, vom Hauptsitz der Regierung, vom Zentrum der Partei. Sie organisiert keinen militärischen Putsch, ruft keine befreundeten ausländischen Truppen zur Hilfe herbei, sondern *»entlarvt«* selbst beständig, unermüdlich die omnipräsenten Verschwörerinnen, Spione, Agentinnen feindlicher Mächte. Nicht unter weißem Banner marschiert sie, sondern unter rotem. Und nicht im Namen der Ordnung, der Freiheit, des Marktes kämpft sie, sondern im Namen der Revolution, des Sozialismus, des Plans.

Denn geplant ist sie, die große Terrorwelle, zentralistisch, bürokratisch. Eine staatssozialistische Terrorplanung, ebenso genau und ebenso ungenau wie die staatssozialistische Wirtschaftsplanung. Am 30. Juli 1937 wird die Verordnung Nr. 00447 erlassen. Sie verlangt die Verhaftung von 332.400 Menschen, von denen, nach Einteilung in zwei Kategorien, 259.450 zu inhaftieren sind, im Lager für acht bis zehn Jahre (Kategorie 2) und 72.950 zu exekutieren (Kategorie 1) (Montefiore, 263; Werth, 206). Wie die Produktion so erfolgt auch die Repression nach Plan-Soll. Und das Plan-Soll wird, wie immer im Reich der tapferen Stachanow-Arbeiterin, übererfüllt. In diesem sozialistischen Wettbewerb überbieten sich die Kader, können sie ihren Fleiß beweisen. Wie etwa ein gewisser, noch als Antistalinist bekannt werdender Chruschtschow, der die Hinrichtung von 55.741 Verdächtigen anordnet, bei einer Quote von 50.000.

Schon bald, nach nur einem Monat, verlangen die regionalen Kader eine Erhöhung der ihnen zugeteilten Quoten, schon bald folgen auf die Verordnung Nr. 00447 weitere Verordnungen, die nach der *»Liquidierung der ehemaligen Kulaken, der Verbrecher und anderer antisowjetischen Elemente«* nun die *»Liquidierung der kriminellen Elemente«* oder die *»Liquidierung der Angehörigen der Volksfeinde«* fordern (Werth, 213). Als die Terrorwelle plötzlich ausläuft, sind 1.345.000 Menschen verurteilt, davon 681.692 zu Tode (Werth, 213, 291). Das sind 85 % aller Todesurteile der gesamten Stalinzeit, die während den Feiern zum 20. Jahrestag der Revolution verhängt und vollstreckt werden. Begleitet von Jubelparaden, gerahmt von leuchtenden Bannern: *»Es lebt sich besser, es lebt sich fröhlicher (Stalin)«* (Buber-Neumann, 10).

Zentral geplanter, aber sich dezentral dynamisierender, ständig verstärkender Terror, bei dem es laut NKWD-Chef Jeschow auf *»tausend mehr«* – nicht weniger – nicht ankommt (Montefiore, 263), bei dem die Exekutoren selbst damit rechnen müssen, exekutiert zu werden, wenn sie *»Einsatzmüdigkeit«* vorschützen, bei dem sie mit Auszeichnung rechnen dürfen, wenn sie die Arbeit *»selbstlos«* und in Rekordzeit erfüllen: Auf manchen Exekutionsplätzen Moskaus, wie Kommunarka oder Butowo, mit bis 562 Hinrichtungen pro Tag (Schlögel, 49, Wehner, 11). Hochbeschleunigter, stetiger Terror, der sich als Erfahrung kaum noch erzählen lässt, weil er in seiner schieren Maßlosigkeit alle biographischen Dimensionen sprengt. Der sich als Erfahrung vielleicht nur erzählen lässt über die Henkerinnen selbst, die Schützen, die Schreiberinnen und Folternden. Weil sie zumindest für länger, für ein Jahr, für zwei oder auch eine ganze Weile noch überleben und weil in ihrer Erschöpfung die Maßlosigkeit zumindest ein Maß noch nimmt. Nicht in ihrer psychischen Belastung, der sie nicht standhalten oder doch, das wäre zu menschlich. Aber in ihrer körperlichen Überforderung – bis zu 400 mit Häkchen versehene *»Fälle«* pro Tag (Wehner 11), bis zu 50 erfolterte Geständnisse pro Nacht (Schlögel, 51), Müdigkeit, Muskelkater, Sehnenscheidenentzündung im Zeigefinger. Krankheitsbild Exekutionsarm.

Die Welle des großen Terrors, die größte Terrorwelle der Sowjetunion, die im November 1938 auf Stalins Befehl ausläuft, beginnt bereits im Dezember 1934 mit der Ermordung Kirows, die, wer auch immer sie verursacht hat, zum Auslöser wird für Rache und Säuberung und bereits 1935 zum Ausschluss von 250.000 Kadern führt, von 9 % aller Mitglieder der Partei (Werth, 201). Aber noch bevor sie sich brechen kann, wird sie überspült von nachfolgenden, einander übersteigenden Wellen, Welle auf Welle einer Säuberung, die in immer neuen Bewegungen auch die Säubernden selbst erfasst, aus den Täterinnen von eben Opfer macht. Die regionalen Parteiführer, die alle Parteifeinde entlarvt, sich aller Gefahren entledigt haben, werden, mächtig geworden, selbst zu Gefahren, Feinden ihrer Partei. Und wie die Führerinnen so die Ausführenden, auch, gerade auch die Agentinnen der NKWD. Ihr Chef, Jagoda, wird bereits im September 1936, in der Anfangsphase des Großen Terrors, entlassen und erschossen – wie 3000 seiner Tschekistinnen mit ihm. Sein Nachfolger wird sein bisheriger Assistent, Jeschow, der der Großen Säuberung ihren Namen gibt –

Jeschowtschina. Mit ihrem Ende tritt auch seins ein, zeitgleich, im November 1938. Stalin braucht ihn nicht mehr, aber Jeschow bleibt ihm treu. Bis zum Ende durch Erschießung, bis über das Ende hinaus. In seinem Abschiedsbrief schreibt Jeschow: *»Sagt Stalin, ich sterbe mit seinem Namen auf meinen Lippen.«*

Das sind nicht die hilflosen Opfer, die zur Identifikation einladen, und dazu, ihnen ein Herz zu schenken. Die gibt es, vielleicht, aber nicht unter den Kommunistinnen, nicht mehr, jetzt hier. Es gibt sie, vielleicht, aber nur dort, wo sie vom Zug erfasst wurden, als sie traumverloren in das Muster des Bordsteins vertieft an der falschen Straße standen oder am falschen Bahnhof. Es gibt sie, bestimmt, dort, wo dem NKWD die Feinde ausgehen, die Angehörigen der feindlichen Volksgruppen, der nationalen Kontingente etwa, die Rumäninnen, Finnen, Litauer, Griechen oder Türkinnen beispielsweise, die, um nach Plan-Soll weiter gefunden werden zu können, erfunden werden müssen. Und es gibt sie, mit Sicherheit, die sich aufgrund besonderer Aktivitäten verdächtig machen an einer Verschwörung beteiligt zu sein, die, die in Esperantoclub eingeschrieben sind also oder zur Zeit eines Betriebsbrandes arbeiten, die, die Brieffreundschaften ins Ausland unterhalten oder gar Briefmarken sammeln. Es reicht, in Grenznähe zu wohnen oder bei einer Razzia zufällig im Weg zu stehen (Schlögel, 51; Werth, 210). Susanne Leonhard berichtet von einer tartarischen, nur schlecht russisch sprechenden Kolchosebäuerin, die sie in der Butirka kennenlernt.

*»Von ihrem ersten Verhör kam sie wütend zurück. [...] ›Lügenbande!‹ hatte die Tartarin geschimpft. ›Da soll ich nun gestehen und unterschreiben, wo es doch gar nicht wahr ist.‹ – ›Was denn Tonja, was ist nicht wahr?‹ – ›Nun, mit dem*

*Traktor. Mein Onkel ist gekommen und hat gesagt, ich soll Traktor fahren lernen, seine Schwiegertochter lernt auch, und da kann man weiterkommen. Aber ich hab' gesagt, ich bleib' lieber bei den Kühen, das kann ich, und da verdient man auch ganz gut. Extra hab' ich immer wieder gesagt, ich will das nicht mit dem Traktor, und ich bin auch nicht gegangen. Und jetzt soll ich gestehen, ich wäre Traktistin oder Tratzkistin oder wie das heißt gewesen.‹ «* (Leonhard S., 95)

Geständnis, dass nichts zu gestehen, weil nichts zu verstehen ist, Geständnis des Unverständnisses. *»Das Geheimnis, ja die Rätselhaftigkeit des Jahres 1937«*, schreibt Karl Schlögel, *»besteht nach wie vor in der Blindheit des Gewaltzusammenhanges«* (Schlögel, 49). Und diese Blindheit zeigt sich an der Kriterienlosigkeit der Verhaftungen wie an der Unzugänglichkeit der Verhöre und Verhandlungen für alle juridischen Argumentationen, alle Unschuldsbeteuerungen und Unterwerfungsgesten. Nur wenige Wochen, nur wenige Tage liegen zwischen Verhaftung und minutenschneller Verurteilung (Werth 213), die die juristische Form – Verhör, Geständnis, Schuldspruch – nur aus Gewohnheit, aus einer durch keine bürgerliche Tradierung vermittelten Gewohnheit der Bürokratie, aufrechtzuerhalten scheint. *»Ohne sich dieser Heillosigkeit der Situation zu stellen, wird den Nachgeborenen ein Zugang zu dieser vergangenen, aber noch immer nicht Geschichte gewordenen Epoche verwehrt bleiben. Die Verwirrung wird zusammengefaßt in den Fragen, die die Betroffenen sich in jenem Jahr immer wieder gestellt haben, ohne darauf eine Antwort zu bekommen: Warum? Wofür? Warum ich? Es geht also nicht nur um die Ermittlung der Zahlen der Opfer, sondern um die Frage nach einer Logik, einer inneren Ratio, dem sogenannten rationalen Kern, den eine um Erklärung bemühte Geschichtsschreibung herauszuarbeiten sich nicht abgewöhnen kann«* (Schlögel, 49).

Gäbe es eine Vernunft, die diese Geschichte schreibt, gäbe es eine der Geschichte innewohnende politische Rationalität zu finden, so wäre sie zweifelsohne zu suchen in der Partei, dieser 2-Millionen Organisation in einem 170 Millionen-Staat, die nicht nur das Innere dieses historischen Prozesses bildet, sondern auch seine zentralen Begriffe stellt. Der Partei, die über sich hinausgreifend ihre Logik auf das gesamte gesellschaftliche Feld ausdehnt, um es als Terrain eines Kampfes zu konstituieren, in dem sie sich gegen sich selbst kehrt.

Diese Selbstzerstörung der Partei scheint nicht nur die Partei, sondern auch die Parteilichkeit zu zerstören, und nicht nur die spezifische, sozialistische – Parteinahme auf Seiten der Unterdrückten –, sondern mit ihr – wenn es das gibt – auch die allgemeine, die Parteilichkeit selbst. Weil sie unterschiedslos alle treffen kann und trifft, die niederen, die mittleren, die hohen Kader, die Parteigegner wie ihre Anhänger, die Mitglieder wie die Parteilosen, lässt sie für den Zugriff ihrer Zerstörung kein Kriterium bestehen als das unparteiischer Zufälligkeit. Keine Klasse entgeht ihren – für alle Auslegungen geöffneten – Klassifikationen zu liquidierender Feinde (Arbeiterinnen, Bäuerinnen, Soldatinnen, Angehörige), kein politischer Rang, kein bürokratischer Posten bleibt geschont. Eine postpartikulare, universelle Terrorisierung der Gesellschaft; Egalisierung, die sich im Sog eines beschleunigenden Strudels zur Nivellierung steigert und nur durch abruptes Anhalten ihrer Dynamik noch ein letztes, wenigste Köpfe umfassendes Ruhezentrum behält (Stalin + x). In ihrer Irrationalität unterläuft sie noch die klassische Logik des Terrors selbst, denn welchen Sinn sollte die Produktion allgemeiner, gesellschaftlicher Angst haben, wenn selbst die restlose Überantwortung an die Autorität, selbst die reinste Identität stalinistischer Identifizierung keine Sicherheit verschafft?

Von innen betrachtet, lässt sich nicht erkennen, kann sich nicht erkennen lassen, welchen Sinn diese Verfolgungen haben. Ohne den möglichen Überblick einer späteren Perspektive zu nutzen, ohne nachträglich, zu spät kommend wenigstens noch eine Erklärung anbieten zu können, scheint das Beharren auf der inneren Logik einer politischen Rationalität mit den immer gleichen Fragen (*Warum? Wofür? Warum sie?*) vielmehr nur die alte Antwort- und Ausweglosigkeit *wiederholen* zu können. Als ließe sich die sozialistische Reinigung, Schuldverdacht und Selbstkritik, verstehen unter Absehung nicht nur der christlichen Tradition im Allgemeinen, sondern der russisch-orthodoxen Praxis der öffentlichen Beichte im Besonderen. Als könnte die Praxis der Sippenhaft verstanden werden ohne die patriarchalen Traditionen des Patronagesystems. Als wäre es möglich, das System des Staatssozialismus und der realexistierenden »Diktatur des Proletariats« zu verstehen, ohne die Analyse der politischen Rationalität der Souveränität und kapitalistischer Biopolitik, ohne die Kritik der Logiken monarchischer wie bürgerlicher Staatlichkeit. Als ließe sich die destruktive Dynamisierung der sowjetischen Gesellschaft verstehen unter Absehung der Agrarrevolution gewaltsamer Kollektivierung, dieser nachgeholten ursprünglichen Akkumulation, Vertreibung von Abermillionen Bäuerinnen, Grundlage für Urbanisierung und Industrialisierung. Als könnte die Logik einer proletarischen Partei begriffen werden unter Absehung der Neubildung eines städtischen Proletariats, das in Krieg und Bürgerkrieg dezimiert worden war, unter Absehung der Verdopplung der Bevölkerung Moskaus innerhalb eines Jahrzehnts. Als wäre es möglich die verallgemeinerte Praxis der Denunziation zu erklären unter Absehung innerinstitutioneller Konkurrenz, der Aufstiegsmöglichkeiten bei Austausch der Eliten, vor allem der unbewältigten Knappheit von Wohnungen. Als könnte eine Analyse des zur geschichtlichen Macht gewordenen historischen Materialismus gelingen ohne Berücksichtigung seiner materiellen Grundlagen, ohne Analyse der Ökonomie. (Jener Ökonomie, die eigentlich im Inneren des vom Sozialismus eröffneten politischen Feldes angeordnet werden müsste, und doch vom bürokratischen Zentralismus beständig als die Basis reproduziert wurde, die sich dem politischen Überbau als fremdes Objekt scheiternder Beherrschungsversuche entzieht.) Als ließe sich die Willkürlichkeit der Verhaftungen verstehen ohne Verständnis der hochbeschleunigten Staatskapitalisierung, deren *»innere Kolonien«* (Schmid, 29) des Gulagsystems in ihrer Transformation von politischen Straflagern zu Zwangsarbeitslagern eine unstillbare Nachfrage nach Arbeitssklavinnen entwickeln und sich mangels äußerer Kolonisierung und ihr zugehöriger rassistischer Ideologie eine notwendig andere politische Form der Arbeitskraftbeschaffung geben. Als wäre die politische Irrationalität des Stalinismus entschlüsselbar ohne den Schlüssel der ökonomischen Rationalität des disziplinierten Produktivismus, des kapitalistischen Imperativs, der unverändert als systemisches Unbewusstes aus der staatssozialistischen Politik spricht.

Aber der Ausweg eines Außens birgt – Gefahr und Verlockung – die Tendenz einer Überschreibung der Verantwortung für das Scheitern des Kommunismus in sich, die Tendenz, die Möglichkeit einer Wiederholung im Außen der unwiederholbaren Spezifik der historischen Bedingungen oder der anhaltenden Macht des Immer-Schon-Gegners zu bannen. Die Betonung des unveränderten Anhaltens der so bekannten wie bekämpften Herrschaft neigt dazu, den

Bruch mit ihr zum Verschwinden zu bringen, trotz dem und in dem sie fortexistiert. Diese Perspektive versperrt den Blick auf die anhaltende Möglichkeit der Kollaboration, auf die spezifischen Verbindungen, die der Sozialismus anders und doch vergleichbar der Sozialdemokratie mit dem Kapitalismus eingeht. Sie tendiert dazu, alle Verbrechen auf die Seite eines stilisierten Anderen zu schlagen und steht somit im Dienste einer Schuldabwehr, die ein linkes Subjekt erschafft, das mit den Fehlern und Verbrechen der historischen Vorgänger in keiner inneren Beziehung steht. Wir sind (und waren immer schon) die Guten. Aber die Wahrheit ist paradox. Nein, das war nicht der Kommunismus. Aber es war gleichzeitig nicht nicht der Kommunismus.

Die Verantwortung, die Frage zu klären, warum der Befreiungsversuch in grausamste Herrschaft umschlug, fällt eben nicht den monarchistischen Konterrevolutionärinnen, den Weißen, zu und auch nicht den Kapitalistinnen, sondern den Kommunistinnen. Denn selbst wenn es unverändert die alte Herrschaft wäre, die unter bloß anderem Namen fortlebte, bliebe die Frage bestehen, warum und wie sie unbeeinträchtigt von einem ihr feindlichen Namen so tödlich fortleben konnte. Aus Perspektive des Kommunismus, der die Frage stellt, wie die Zukunft nicht die Wiederholung der Vergangenheit – weder der einen noch der anderen – wird und werden kann, stellt sich die Frage, muss sich die Frage stellen, warum der Kommunismus, *»die wirkliche Bewegung, welche den jetzigen Zustand aufhebt«* (MEW 3, 35), den jetzigen nicht (sondern vielmehr einen vormaligen Zustand für jetzt) aufgehoben hat.

Von innen betrachtet, von wo sich ohnehin nur ein unvollständiges, ein schiefes Bild gewinnen lässt, wie dieser Essay, dieser scheiternde Versuch, beständig vorführt, zeigt sich, dass sich die Kommunistinnen nicht nur aus Angst an den Säuberungen beteiligen, sondern auch mit Lust, nicht nur im Rahmen einer individuellen Überlebenstaktik denunzieren sie, sondern auch im Dienste einer kollektiven Parteistrategie. Aus der Perspektive auf die innere Logik der Partei und ihrer Prozesse, die nicht anders kann als deren innere Alogik, deren Logiklosigkeit vorzuführen, wird deutlich, dass der Gehorsam gegenüber den Autoritäten und Apparaten, der Führung und ihrer Polizei, nicht nur von Furcht getragen wird, sondern auch von Überzeugung, von sozialistischer Pflicht. Noch die durchdrehende Dynamik einer beinahe vollständigen Selbstzerstörung wird betrieben mit revolutionärer Energie.

1936. Noch vor dem ersten Schauprozess initiiert, nur wenige Wochen danach realisiert, findet in Moskau die Parteiversammlung der deutschen Sektion des Sowjetschriftstellerverbandes statt. Es ist eine geschlossene Versammlung, die in vier Sitzungen vom 4. bis zum 9. September weniger tagt als übernächtigt, eine Versammlung, die sich die Form eines Zirkels gibt, weil bei fortbestehendem Fraktionsverbot und aus Furcht vor möglicher *»Kontaktschuld«* oder dem Vorwurf einer *»Verbindung«* sich niemand mehr ein Parteizellentreffen einzuberufen getraut (Müller R., 445). Mit rotgeränderten Augen treffen die Kommunistinnen zu ihren nächtlichen Sitzungen ein, unsicher, ängstlich und zugleich soldatisch gefasst, zum Gehorchen bereit. Obwohl durch den offiziellen Sitzungsleiter klargestellt, dass es sich nicht um eine Tschistka, Reinigung, handelt (ebd., 324), handelt es sich doch um fast nichts anderes, legen die Genossinnen, die nacheinander bildlich in die Mitte der Versammlung treten müssen, Bekenntnisse ab von ihrer Tätigkeit der letzten und vorletzten, der frühsten Zeit, die vor allem Geständnisse ihrer Versäumnisse sind, ihrer unverzeihlichen

Fehler. Übermüdet, bis in den frühen Morgen, beichten sie ihre mangelnde Wachsamkeit, Anflüge von Abweichung. Dann beginnt die Befragung, reihum dürfen, sollen die Genossinnen nachfragen, nachhaken, verhören; alles sorgsam stenographiert für den NKWD, der dankbar das Material entgegennimmt für die folgenden Anklagen. In dieser *»höchsten Form von Demokratie«*, in dieser *»bewegenden«* und *»heilsamen, bis in die letzte menschliche Tiefe hinabreichenden Prozedur«*, wie Inge von Wangenheim die Reinigung noch 1954 preisen wird, müssen alle *»bekennen, Rede stehen, Rechenschaft ablegen«*, für ihr *»Leben«*, ihre *»Menschlichkeit«*, ihre *»Verantwortung«*. *»Es gab keine Frage, die nicht hätte gestellt werden dürfen, und keine Frage, die nicht hätte beantwortet werden müssen«* (zit. n. Müller R., 20 f) – außer jener, versteht sich, nach dem Zweck dieser Befragung, die Frage danach, in wessen Interesse welche Fragen gestellt werden und wer von der Infragestellung kategorisch, als unhinterfragbares Zentrum, ausgeschlossen bleibt. Die institutionalisierte Befragung kehrt die kritische Kraft der Frage gegen die Möglichkeit der Kritik. Aber die Reichweite der Fragen ist in der Praxis der Säuberung ohnehin ziemlich begrenzt. Kaum über Politik reden die politischen Schriftstellerinnen, oder sie reden über Politik fast ausschließlich in persönlichster Form, über Personen reden sie, Personen, die sie gekannt haben, Bekannte, Verwandte, Freundinnen und Genossinnen im täglichen Kampf, von denen sie sich reinzuwaschen versuchen, jetzt, wo diese plötzlich in Ungnade gefallen sind. Am liebsten wollen sie es immer schon gewusst haben, es ihnen angesehen haben, oder besser noch, gerochen. Mit ihrem politischen *»Riecher«* (ebd., 455) wollen sie gemerkt haben, dass mit denen etwas nicht stimmte, die sich etwa durch *»homoerotische Beziehung«* (ebd., 399, 414 f) verdächtig machten. Und doch, sie kommen nicht darum umhin, müssen eingestehen – sich, den Genossinnen, der Führung – dass sie es nicht immer gewusst, dass sie die Abweichung viel zu spät bemerkt haben, teilweise tatsächlich ehrlich entsetzt darüber, dass die großen Helden von eben plötzlich als trotzkistisch-sinowjewistische Verschwörer, als Gestapo-Agenten, kurz als Faschisten entlarvt werden. *»Mitten unter uns, in der nächsten Umgebung«*, schreibt eine Teilnehmerin der säubernden Sitzungen, Emma Dornberger, in ihrem Tagebuch nur wenige Monate vor ihrer eigenen Verhaftung, *»sitzen die Feinde und wir sehen nichts, glauben fast nicht an diese Möglichkeit, bis vor uns dieser Prozess abrollt«* (zit. n. Müller R., 53). Sie sehen nichts oder zu wenig, deswegen sind sie schuldig und besserungsbedürftig, deswegen müssen sie sich bessern und besser werden, müssen lernen, mehr zu sehen, auch das, was sich nicht sehen lässt, auch das Unsichtbare.

Lukács, der Philosoph, der Stalinist Lukács, liefert die erkenntniskritische Beirede:

*»Ich glaube, dass in der Frage der Wachsamkeit ein vollkommen neues Problem sich zeigt, dessen Anzeichen schon im Kirow-Prozess da waren, die aber jetzt vollständig klar hervorgetreten sind. Die Parteifeinde sind früher mit einer bestimmten ideologischen Plattform aufgetreten. Wir konnten analysieren: Der Mensch ist ein Bucharinist, ein Trotzkist usw. Die jetzigen Parteifeinde haben keine Plattform, sondern treten in der Maske parteitreuer Menschen auf.«* (zit. n. Müller R., 184 f)

Aber es wäre zu einfach, die, die *»man«* früher *»das ›Linienschiff‹ genannt hat«*, bei denen nie *»der Schatten aufgetaucht«* ist, dass sie sich *»mit der Parteilinie in Opposition befinden«* würden, und die nie eine Rede gehalten haben,

*»ohne mit Stalin anzufangen und zu enden«* (ebd., 185), einfach Stalinistinnen zu nennen. Die Wirklichkeit, das versteht sich, ist komplizierter. Es bedarf einer spezifischen epistemologischen Methode, um hinter den opportunistischen Erscheinungen – bloßer Schein, falscher Schein! – das oppositionelle Wesen zu erkennen. *»Diese Leute zu entlarven bedarf es einer komplizierten Wachsamkeit«* (ebd). Wachsamkeit bis zur Schlaflosigkeit, zur Traumlosigkeit. Sie ist kompliziert, weil sie sich nicht mehr auf praktische Politiken richtet, nicht einmal mehr auf politische Positionen, sondern auf dem Gewissen entwischende Gedanken, auf flüchtige Fehlleistungen. *»Der Schriftsteller ist also«* hier tatsächlich *»dem* furchtbarsten Terrorismus, *der* Jurisdiktion des Verdachts *anheimgefallen«* (MEW 1, 14), zu dem der junge Marx nüchtern bemerkt: *»Lieber wie jener Zar von Rußland jedem den Bart durch offizielle Kosaken abscheren lassen, als die Meinung, in der ich den Bart trage, zum Kriterium des Scherens machen«* (ebd). Aber der rote Zar antwortet: *»Volksfeindliches Verhalten fängt nicht erst bei Sabotage an, sondern schon beim Zweifel an der Richtigkeit des Parteikurses. Es gibt zu viele Nörgler und wir müssen sie ausmerzen.«* Jeder, der es wage, *»auch nur in Gedanken, ja in Gedanken!«* die Sowjetmacht zu schwächen, werde *»mit seiner gesamten Sippe ausgerottet«* (Stalin, zit. n. Montefiore, 280).

So eindimensional Stalin, aber so eindimensional nicht die Stalinistinnen. Lukács, der Philosoph, der Stalinist Lukács, redet zwar *»mehr über allgemeine als über persönliche Fragen«* aus einem, wie sich das für einen Philosophen gehört, *»höchst objektiven Grund«* – weil er von allen Anwesenden als einziger nicht Mitglied dieser kommunistischen Organisation, nicht Mitglied der deutschen Sektion des Sowjetschriftstellerverbandes ist –, aber trotzdem redet er, das zu betonen liegt ihm am Herzen, wenn er *»in der Mehrzahl«* spricht, *»nicht im pluralis majestatis, sondern in erster Linie von der Schuld, die ich habe.«* Die Kommunistinnen klagen an, aber nicht nur die einen, weil sie 20 Minuten vor Schluss, vor den letzten tosenden Applauswellen eine Propagandaveranstaltung zur Unterstützung der Schauprozesse verlassen (Müller R., 96ff, 157),[8] nicht nur die anderen, weil sie einem verhafteten Trotzkisten warme Unterwäsche ins sibirische Lager schicken (ebd., 15), sondern vor allem sich selbst. Die libidonöse Ökonomie des Stalinismus, die sich um das Phantasma der Reinheit, der Sauberkeit gruppiert, gegen Schmutz und Köter, Kraftworte und Schweinigeleien (ebd., 92), sexuelle Ausschweifungen wie Abweichungen agitiert, scheint von der Lust an der Denunziation, an der Bestra-

8 Das reicht für eine Verhaftung. In seiner auf dieser Veranstaltung gehaltenen Rede mit dem Titel »Tod der Gestapo- und Trotzki-Sinowjew-Meute« sagt Willi Bredel: »Unter Stalins Führung schritten die Völker der Sowjetunion, ungeachtet aller Sabotageversuche der Parteifeinde, von Sieg zu Sieg, schufen sich eine sozialistische Wirtschaft und alle Vorrausetzungen eines freien, glücklichen Lebens. [...] Unter Stalins Führung marschierten 170 Millionen, ein Bund freier Völker, als erste in der Geschichte der Menschheit einer sozialistischen, klassenlosen Gesellschaft entgegen. [...] Jeder neue Erfolg versetzt uns [die anwesenden deutschen Schriftsteller] in Freude. Die sprunghaft ansteigenden Leistungen der Stachanow-Arbeiter, die Fortschritte der Arbeiter des Verkehrswesens, die Heldentaten unserer kühnen Sowjetflieger, die feste beharrliche Friedenspolitik der Sowjetunion, das ganze, von sozialistischem Enthusiasmus erfüllte Sowjetleben reißt uns deutsche Schriftsteller immer wieder mit und spornt uns zu immer weiteren und größeren Leistungen an. Und dass wir unter guten materiellen Bedingungen leben, unter weit besseren, als wir jemals in Deutschland hatten, das danken wir der kommunistischen Partei und unserem Führer, Genossen Stalin (großer Beifall)« (Müller R., 12). Ohne zu zögern, ohne zu erschaudern nennen die deutschsprachigen Schriftstellerinnen den Genossen Stalin ihren »großen Führer«, den zusammen mit der Partei und der Heimat mit seinem Leben zu schützen »jeder einzelne Sohn« des Volkes bereit ist, wie es in der Deutschen Zentral Zeitung vom 29. 8. 1936 zu lesen ist (ebd., 13).

fung ebenso zu leben, wie von der Lust an der Beichte, an der eigenen Unterwerfung.

Im September 1936, in der ersten der vier reinigenden Sitzungen der deutschen Sektion des Sowjetschriftstellerverbandes, ist es am Genossen Hans Günther, Selbstkritik zu üben für einen Fehler, dessen er sich im März 1933 schuldig gemacht hat. Es ist eine wiederholte Selbstkritik, denn er hat bereits damals *»sofort gegenüber allen Stellen eine offene Selbstkritik über den ganzen Vorfall abgelegt«* (Müller R., 101), er hat diesen Fehler, seinen einzigen der letzten Jahre, wie er mehrmals betont, nicht auf die leichte Schulter genommen, er hat, im Gegenteil, schwer daran getragen: *»Ich bin wirklich in mich gegangen und habe meine ganze Parteitätigkeit seit dem Moment sozusagen als Arbeit betrachtet, um diesen Fehler wiedergutzumachen«* (ebd.). Es muss ein schwerer Fehler sein, der eine solche Wiedergutmachungsarbeit erfordert und trotz dieser Arbeit drei Jahre später doch nicht wiedergutgemacht ist. Ein schwerer Fehler, der darin besteht, dass Günther die Beteiligung der KPD am von den Nazis 1931 initiierten Volksentscheid gegen die preußische SPD-Regierung für falsch, dass er die Machtergreifung der Nationalsozialistinnen 1933 für eine Niederlage der Arbeiterklasse hielt, für eine Niederlage der Partei.

Eine unhaltbare Haltung, die nicht lange anhalten darf und auch nicht lange anhält, *»nicht länger als 4 Tage«*, um genau zu sein, 4 Tage, die der Genosse Lukács braucht, um Hans Günther davon zu überzeugen, dass es sich bei dieser Haltung nur um *»eine bestimmte Stimmung«* (ebd., 97), eine *»Depressionsstimmung«* handelt. Eine Depressionsstimmung, die – das ist Lukács' überzeugendes Argument – *»politisch zu Ende«* gedacht und *»zur politischen Plattform«* erhoben, zu *»einer Stellungnahme gegen die Partei«* führen muss (ebd., 117). Deswegen ist die Kritik 1933 falsch und sie bleibt auch 1936 falsch, bleibt falsch auch, nachdem sich die Partei 1935 auf dem 7. Weltkongress der Kommunistischen Internationale zur Einschätzung durchgerungen hat, dass mit der Machtergreifung der Nazis zwar nicht unbedingt die Partei, aber die Arbeiterklasse eine Niederlage erlitten hat. Es muss dann eine *unklare, überspitzte,* eine *verfrühte* (ebd., 98) Kritik gewesen sein. Günther legt darauf allergrößten Wert: *»Die Tatsache, dass der 7. Weltkongress war, kann mich an meiner Selbstkritik nicht behindern«* (ebd., 101).

Eine verordnete Selbstkritik aber ist keine. So wenig wie jemand, vor die Wahl gestellt, entweder sich selbst zu erschießen oder erschossen zu werden, in den Freitod geht. So einfach ist das. Aber so einfach lässt sich die *»grausam-gründliche« »Selbstkritik«* Marx' (MEW 8, 118) nicht mehr von der gründlich-grausamen Selbstkritik Stalins abtrennen, dessen semantisches Erbe sie als Selbstkritik bildet. Ebenso wie die Frage Technik der Subversion sein kann wie des Verhörs, kann auch die Selbstkritik die Form sein, in der sich nicht die Emanzipation, sondern die Herrschaft perfider und perfekter als in anderen Formen vollzieht. Das ist historisch bewiesen und bleibt Gefahr in Latenz, weil die Kritik des Selbst ihre kritischen Maßstäbe nie aus sich selbst beziehen darf und kann, weil ihr eine kritische Adressierung von außen vorhergeht, wie sie sich auch – als offener Brief – an ein Außen, an sich selbst nur vor Zeuginnen, adressiert. Und gegen diese Möglichkeit des Fortlebens der Herrschaft in ihrer Kritik würde nur Wachsamkeit helfen, wäre sie nicht selbst ein stalinistischer Begriff.

Im Jahr 1935, nur kurz bevor die KPD die Einheitsfrontpolitik zur offiziellen Linie erklärt, siedelt Manés Sperber die Geschichte eines Kommunisten an, der im antifaschistischen

Untergrund sich aus der Erfahrung eines verschwindend geringen und stetig schwindenden Widerstands gegen die nationalsozialistische Volksgemeinschaft genötigt sieht, die gemäß einer zentralistischen Parteiorganisation etwa im Prager Ausland angefertigte Analyse zu revidieren, der zufolge der Hauptfeind weiterhin der so genannte Sozialfaschismus bleibe. Angesichts anhaltender Verhaftungen und Akzentverschiebungen deutscher Arbeiterinnen, die sich darauf besinnen, dass sie ihrer neuen natürlichen Gesinnung gemäß doch mehr Deutsche als Arbeiterinnen sind, beginnt er auf lokaler Ebene mit abweichenden Kommunistinnen, Sozialdemokratinnen gar, zu kooperieren. Aus der Sicht der Partei ein schweres Vergehen, unentschuldbares Abweichen von der Linie der Partei, gerade in schlechten Zeiten wie diesen, und für Abweichungen sind die Zeiten immer schlecht. Schwere Zeiten; schwer vor allem unter Bedingungen der Illegalität ein ordentliches Disziplinarverfahren, Parteiausschlussverfahren zu organisieren. Aber da von der Partei Ausgeschlossene, sich gegen die Linie der Partei Richtende ohnehin automatisch gegen die Partei stehen, auf der Seite ihrer Feinde, entscheidet sich der Apparat für ein den Umständen angemessen praktikables Verfahren: Der Kommunist wird an die Gestapo verraten. Noch im Konzentrationslager wird er, wie andere unfreiwillige Renegatinnen auch (Buber-Neumann, 224, 236), von den kommunistischen Genossinnen als Verräter geschnitten.

Es bedarf einer spezifischen Parteidialektik, um dieses Vorgehen zu rechtfertigen, und der Führer der kommunistischen Partei, der das Vorgehen des Apparats wenn auch nicht veranlasst, so doch legitimiert hat, beherrscht sie:

*»Gewiss, er hat vollkommen richtig gesehen, aber falsch gehandelt. Ich schlage genau die gleiche Linie[, derentwegen*

*er erledigt worden ist] vor, er aber versuchte, über den Kopf der Partei hinweg seine Linie auszuführen.«*

*»Aber wenn seine Linie richtig war?«*

*»Sie war es nicht, da sie nicht die der Partei war. Sie wird es vielleicht morgen sein, wenn nämlich die Partei sie annimmt, zu ihrer eigenen macht.«* (Sperber, 218)

Revolutionäre, hier antifaschistische Disziplin bis zu dem Punkt, an dem der Antifaschismus mit der Disziplin in Widerspruch gerät – und unterliegt. Treue gegenüber der Partei und ihrer jeweiligen Linie auch dort, wo diese objektiv – aber selbstredend nur temporär taktisch – falsch liegt. Unbedingter Gehorsam, der sich allein darin rechtfertigt, dass nur die Partei die Revolution erfolgreich durchführen kann, dass nur sie den antifaschistischen Widerstand wirkmächtig zu organisieren in der Lage ist. Aber die politische Rechtfertigung hält schon einer Überprüfung entlang ihres eigenen Kriteriums nicht stand. Die zentralistische Partei, geschaffen nach dem Vorbild des Leninschen Modells, das sich unter den Bedingungen des Zarismus als – formal – siegreich erwies, ist im Kampf gegen einen technologisch hochgerüsteten und volksgemeinschaftlich geschlossenen Nationalsozialismus in hohem Maße ineffektiv. Der beständige Schmuggel von Informationen und Zeitungen über die Grenzen, dessen es bedarf, um die verstreuten Aktionen im deutschen Untergrund von einer in Prag oder in Moskau sitzenden Führung zu kommandieren und zu koordinieren, vor allem aber ideologisch zu begleiten, abzusichern, einzubetten, ist gefährlich und gemessen am Ziel einer Störung der NS-Maschinerie äußerst unergiebig. Im Gegensatz etwa zu dem von der KP so verpönten individuellen Terror. Das Verteilen von Flugblättern, unverändert die bevorzugte kommunistische Praxis nach Demonstrationsverbot und nicht selten eine selbstmörderische Aktion angesichts der erfolgreichen volksgemeinschaftlichen Mobilmachung, basiert auf einer katastrophal verharmlosenden Faschismusanalyse, die noch immer vorgibt, es handele sich bei nationalsozialistischen Arbeiterinnen um irregeleitete Sozialistinnen, die durch richtige Propaganda zurückzugewinnen seien. Begrenzter Antifaschismus also, dürftige Legitimation des inneren Terrors, des im Gegensatz zum individuellen nicht verpönten Parteiterrors. Aber der Imperativ, die Partei nicht zu kritisieren, schon gar nicht zu verlassen, bezieht seine Plausibilität gerade für linke Intellektuelle zusätzlich noch aus einer Argumentation auf einer ganz anderen als der unmittelbar taktischen oder auch strategischen Ebene. Auf der Ebene der Epistemologie.

Vor dem Hintergrund einer langen Tradition marxistischer Philosophiekritik, die die Behauptung einer objektiven, neutralen, außerhalb der Macht, d. h. des Klassenkampfes stehenden Wahrheit als bürgerliche Ideologie entlarvt, ist die Partei konsequente, praktische Ideologiekritik. Sie stellt einen Theorie/Praxis-Knoten dar, eine unauflösbare Verbindung von Subjekt und Geschichte, von Wahrheit und Macht, aus der allein der marginalisierten Wahrheit der Unterdrückten, die sonst bloße Anschauung, flehende Anklage, Privatprotest bliebe, zu einer geschichtlichen Macht verholfen werden kann. Es handelt sich um einen erkenntnistheoretischen Pragmatismus, methodologischen Positivismus auf geschichtsphilosophischem Terrain: Die Frage der Wahrheit wird die Geschichte beantworten, die Hypothese der Revolution ist historisch zu verifizieren. Und sie ist historisch verifiziert worden, hat sich bewahrheitet in Gestalt der Sowjetunion. Es geht darum, zu verstehen, welche Autorität, welche Immunität gegen Kritik, der russischen Revolution und mit ihr der an sie gebundenen Institutionen nur aus der Tatsache ihres Sieges und ihrer – historisch erstmaligen – Verteidigung erwächst. Welche argumentative Kraft ihre bloße Existenz einer Materialistin bedeuten muss. Daran gemessen wird jede andere Argumentation, jede Rede, jeder Text vergeistigt, körperlos, kurz, idealistisch erscheinen. Hieraus wird die häufige doppelte Lähmung internationaler Kommunistinnen verständlich, deren Revolutionsversuche etwa in Deutschland nicht siegreich, sondern vernichtende Niederlagen waren. Nicht einmal, so heißt es bei Peter Weiss, den 8-Stunden-Tag konnten sie erkämpfen (Weiss, 118), wie könnten sie die Anmaßung rechtfertigen, der UdSSR und mit ihr der Moskauer Führung Ratschläge, Belehrungen erteilen zu wollen?

Die geschichtliche Macht dieser Verbindung von Wahrheit und Macht und den Vertrauensvorschuss, von dem sie zehrt, muss nachvollziehen, wer verstehen will, warum Kommunistinnen mit Kritik sparen, warum sie zögern, fast immer zu lange, der Partei ihr Vertrauen zu entziehen. Ihr, die zum ersten Mal in der Geschichte die Sprache derer spricht, denen die Sprache entzogen war.

Die Partei, die die Sprache der Arbeiterinnen spricht, verspricht das Sprachrohr zu sein, das die vormals Sprachlosen in einen Dialog mit der Geschichte bringt. Einer Geschichte, die für gewöhnlich auf ewig die herrschenden Monologe, die Monologe der Herrschenden ableiert. Für dieses Stimmrecht, für dieses Recht zu sprechen und das Versprechen, gehört zu werden, sind sie bereit ihre Stimme abzugeben, die der bürgerlichen Demokratie zu schenken sie verweigern. Das ist der Tausch, so lautet der Handel, den sie eingehen, den sie abschließen mit Eintritt in die Partei. Aussicht auf den Diskurs des Kommunismus gegen Verzicht auf kritische Beteiligung am Diskurs der Kommunistischen Partei. Als wäre es nötig, als wäre es überhaupt nur möglich, solcherart schweigend ein kommunistisches Gespräch zu führen oder es auch nur einzuleiten. Aber sie glauben daran, sind fest davon überzeugt und nicht immer, vielleicht, vermutlich sogar nur selten, weil es ihrer Überzeugung entspricht, weil sie wirklich daran glaubten, dass in einer kommunistischen Partei die Worte immer von oben, dass auf einen Mund viele Ohren kommen müssten. Sondern weil sie um das Gewicht dieser historisch spezifischen Verbindung wissen, weil sie wissen, wie viele Stränge in diesem Knoten zusammenlaufen und wie wenig bleibt außerhalb davon. *Was*, ist immer wieder die Frage, die die Kritikerinnen der Partei, die Dissidentinnen, die bereits Ausgeschlossenen oder Fortgelaufenen zu hören bekommen, was *bietest du uns stattdessen an*? In einer Formulierung, von der die oben zitierte Losung des deutschen Parteiführers nur die perfide Fortführung ist, fragen sie, welche Wahrheit es gibt außerhalb der Partei, welche Bedeutung sie hätte ohne sie. Welchen Wert hat die Wahrheit ohne Macht?

Es ist somit nicht nur die Führung, die Disziplin fordert und Geschlossenheit der eigenen Reihen; die Einheit wird nicht nur von oben verlangt, sie wird auch von unten gewünscht. Mehr noch. Die Basis, die zu verklären Kommunistinnen eine quasi natürliche Veranlagung zu haben scheinen (mit Ausnahme der hohen Parteikader, die ihre Verantwortung mit Vorliebe dann an die Basis abgeben, wenn es sich um die Verantwortung für bereits erlittene Niederlagen handelt)[9] als logische Fortsetzung der Masse,

9 »Es war nirgends zu irgendwelchen nennenswerten Streiks gekommen. ›Wir werden schreiben, […] die unteren Funktionäre haben es nicht verstanden.‹ Dies war der Kehrreim geworden, mit dem die Partei seit einigen Jahren ihre Fehlschläge begründete. In dieser Formel resümierte das Politbüro die ›bolschewistische Selbstkritik‹. Die Linie war – stets – richtig, die Taktik der

der Unterdrückten, *»denen da unten«*, will, so will es zumindest die zahlreiche Forschung hierzu, vor allem eins: Einheit. Einheit der Klasse gegen das Kapital, Einheit sozialdemokratischer und kommunistischer Arbeiterinnen, Einheit – später – internationaler und nationaler Sozialistinnen. Unbeachtet der taktischen Richtigkeit im Einzelnen, die das entscheidende Ganze sein kann wie im Falle der Einheitsfrontpolitik gegen die Nazis, sakralisiert sich die Einheit in der sozialistischen Alltagsreligion des *kleinen »Mannes«* zu einem von den historischen Kämpfen entkoppelten Fetisch. Was die so genannte Basis in ihrem Beharren auf die Gemeinschaft der Gleichgesinnten ersehnt, kommt der Forderung gleich, im größeren Maßstab, auf erweiterter Stufenleiter, das durchzusetzen, was die Parteien, die kommunistische in diesem Fall stärker als die sozialdemokratische, in ihren eigenen Reihen organisieren: Homogenisierung, Disziplin, Suspendierung der Widersprüche, Liquidierung der Opposition. Ohne Gleichheit ist die Einheit nicht zu haben. Und die Gleichheit, die auf Einheit zielt, ist nicht die Gleichheit im emanzipatorischen, im kommunistischen Sinn. Im Gegenteil: Obwohl die Einheit, aus der Erfahrung der kapitalistischen Ökonomie stammend, die Einheit gegen die Konkurrenz meint, auf der nach Marx *»ausschließlich die Lohnarbeit beruht«* (MEW 4, 473), ist der Fetisch der Gleichheit selbst zu analysieren als Nachahmung des kapitalistischen Geld- und Warenfetischs. So wie der eine die Beziehung verschiedener Gebrauchswerte aufeinander nur in Form von Reduzierung und Quantifizierung prozessierbar machen kann, so der andere die Beziehung differenter politischer

Partei war – stets – richtig, alles war gut und großartig. Und man schritt trotzdem nicht von Erfolg zu Erfolg? Leider, die ›unteren Funktionäre‹ haben es nicht verstanden« (Sperber, 164).

Positionen nur in Form von Homogenisierung und Hierarchisierung.

Und gleichzeitig ist die Einheit in der Gleichheit kein Stillstand, kein Nullsummenspiel bloßer Äquivalenz. Sie wirft auch einen Mehrwert ab, verspricht, ihn abzuwerfen. Einen symbolischen Mehrwert und mehr einen geschichtlichen, überbiographischen Mehrwert. Mehrwert der Transzendenz, Mehrwert des Über-lebens.

*»Doch man lebte«*, lässt Sperber einen Kommunisten im Moment größter Erschöpfung und Erwartung seines Todes denken, *»also lebte die Partei. Und die starb nicht mit denen, in denen sie lebte. Denn es gab immer neue«* (Sperber, 177).

Die Partei lebt. Und wie sie nicht stirbt mit jenen, in denen sie lebt, so leben, über-leben diese durch sie, in ihr. In der organizistischen Metaphorik der Partei ist die Organisation mehr als nur Instrument zur Ergreifung/Abschaffung der Macht, selbst ein lebender Organismus, der sich aus dem Leben seiner Mitglieder speist, die einen Teil – den größten – ihrer Lebensenergie in ihn speisen. Die Aussicht auf einen verfrühten Tod, ein Weniger an Lebenszeit, tauschen sie ein gegen ihr Eingehen und Aufgehen in diesem größeren Leben, das über seine Teile hinausragt, sie überlebt. Die Partei stirbt nicht mit denen, in denen sie lebt, aber sie lebt zuweilen durch jene, die für sie sterben. Sie überlebt jene, durch die sie lebt, und sie kann zuweilen, so heißt es, nur überleben, wenn diese sterben. Selbst wenn es ihnen gelingt, den abrupten Wendungen der verschlungenen Lebenslinie der Partei, der Parteilinie, zu folgen, verbrauchen sie sich, nutzen sich ab, werden die Kader schleichend zu Kadavern, unbrauchbar gewordene Körper, deren letzter Dienst, den sie der Partei erweisen dürfen, nur in ihrer freiwilligen Selbstentsorgung bestehen kann.

In einem Moskauer Untersuchungsgefängnis verhört ein Agent der GPU einen führenden Kader der Kommunistischen Partei. Es ist nötig, dieses Verhör, wie es Sperber wiedergibt, etwas ausführlicher zu zitieren.

*»Ich spiele nicht mit. Ich werde im Prozess sagen, warum ich gegen Stalin bin, warum ich glaube, dass ihr euch seit 1927 [Ausschluss von Trotzki aus der Partei] trotz Planwirtschaft, trotz Kollektivierung mit jedem Schritt von der Revolution, vom Sozialismus entfernt habt und zu einer asiatischen Tyrannei geworden seid, und was ...«*

*»Warten Sie, warten Sie, Sie weichen vom Thema ab. Seit 1927 haben Sie also die falsche Politik durchschaut und sie dennoch widerspruchslos angewandt, ja oder nein?« – »Ja.«*

*»Und zwar bis zum Tage vor Ihrer Verhaftung, ja oder nein?« – »Ja.«*

*»Sie haben Leute in den Kampf, ins Zuchthaus, ins Lager oder in den Tod geschickt, in Anwendung dieser Politik, ja oder nein?«– »Ja.«*

*»Und jetzt ist es im Sinne dieser gleichen Politik, dass wieder ein Genosse stirbt, zufällig sind Sie der Genosse, und plötzlich finden Sie, das geht nicht mehr. Tausende Genossen sind gestorben, macht nichts. Aber [Ihr] Leben und [Ihre] Ehre [...] ist wichtiger als alles andere, darum finden Sie jetzt, dass das so nicht weitergeht. [...] Die Partei macht Fehler, viele, schwere Fehler. Die Folgen stellen sich ein, man kann sie nicht verbergen, weil man Hunger, Kälte, Mangel an Saatgut, an Zugvieh, an Traktoren, weil man Niederlagen nicht verbergen kann. Darf die Partei Fehler machen, darf sie sich mit dem Schmutz der Niederlagen bedecken? Nein, die Partei muss immer Recht haben [...] Zum Reinigen braucht*

*man reines Wasser, gute Seife [– zum Beispiel Sie …] Es ist völlig belanglos unter welchem Titel man für sie stirbt.«*

*»Das haben Sie sich dort ausgedacht – im Nordosten? Schnell, bevor die 20 Monate um waren?«*

*»Ja, das ist dialektisch.«*

Aber der Angeklagte kehrt die Anklage um, indem er die stalinistische Logik der Partei konsequent fortführt:

*»Also diejenigen, die die Fehler im Namen der Partei gemacht haben, haben die Schuld auf sich zu nehmen, als Konterrevolutionäre zu krepieren, damit die Partei sauber bleibt – streng, aber gerecht. Ich habe natürlich auch Fehler gemacht, ich habe zu sterben. Aber dann alles in der richtigen Reihenfolge! Fangen wir also mit ihrem Chef an. Überall hängen seine Bilder, die Kinder im allerletzten Dorf wissen, dass alles auf seinen Befehl geschieht. […]«*

*»Genug, mehr als genug. Dieses reformistische Geschwätz wird Ihnen vergehen, Sie werden nachgeben, Sie werden am Ende sogar zugeben, Ihre eigene Mutter umgebracht zu haben, wenn wir es nur wollen.«*

*»Wir – wer wir? Sie nicht, Sie werden [wenn Sie mich nicht herumkriegen] im Nordosten verfaulen.«* (Sperber, 394 und 395 ff)

Es kommt darauf an, die schwindelnden Drehungen nachzuvollziehen, in denen sich die Positionen von Täter und Opfer hier bewegen, irrsinniger Furor des Parteiapparats, der jede einfache Opposition von Schuld und Unschuld einer organisatorischen Dekonstruktion unterzieht. Der Angeklagte, Opfer einer Anklage, die offener und zugegebener Weise nicht ihn meint, ist selbst Täter, hat als Führungskader Todesurteile über Genossinnen ausgesprochen und vollstreckt, nicht nur, wie er selbst zu seiner

Verteidigung sagen wird, indem er sie, transparent in seinen Anweisungen und auf Einverständnis der Befehlsempfängerinnen vertrauend, in den Kampf gegen den Feind schickte, sondern auch im Kampf gegen die innere Opposition, zur Reinhaltung der Partei, mit gleicher oder ähnlicher Argumentation, der er jetzt selbst zum Opfer fällt. Der Ankläger hingegen kommt, wie der Angeklagte richtig errät, selbst aus der Verbannung, in die er unter welchem Vorwand auch immer, sicherlich aber mit dem Grund, seiner Führung bedenklich oder auch nur verzichtbar erschienen zu sein, geschickt wurde. Er verlässt es mit der Aussicht auf Rehabilitation, mit dem Angebot selbst Täter zu werden, indem er andere ins Lager schickt und der Drohung, Opfer seines eigenen Prozesses zu werden, falls er versagt. Nur der Forderung, den höchsten Genossen, die Spitze der Hierarchie, mit einzubeziehen in diese hyperhierarchische Bewegung der De- und Rehierarchisierung, wird bis zu dessen Lebensende 1953 nicht entsprochen werden. Aber auch wenn es in einer pyramidenförmigen Organisation, deren Seitenlinien im exakten Punkt genau eines Körpers zusammenlaufen, berechtigt ist anzunehmen, dass die Paranoia dieses höchsten Kopfes strukturierende Effekte für den Gesamtkörper hat (und auch wenn der Prozess der Entstalinisierung genau im Moment des Todes Stalins einsetzen wird), kann davon ausgegangen werden, dass sich die Logik dieser Organisation nicht durch bloßes Austauschen eines Namens geändert hätte und wäre es auch der aktuelle Name der Organisation selbst (»Stalinismus«). Denn in dieser Institution, die sich um die Pole Vertrauen-Misstrauen, Treue-Verrat strukturiert, wurzelt die Paranoia nicht in einem spezifischen Charakter, sondern bezeichnet eine präzise Position, die auf der vertikalen Achse des parteilichen Kraftfeldes eingetragen werden muss. Die Paranoia der Führung ist der Effekt der unbedingten Sicherheit der Masse. Sie wird von dem blinden Vertrauen der Basis in ihre Führung beständig erzeugt und bestätigt. *»Als der Schriftsteller Scholochow den Personenkult kritisierte, gab Stalin mit einem Lächeln zurück: ›Was soll ich machen? Die Leute brauchen einen Gott‹* « (Montefiore, 163).[10]

Entscheidend, weil paradigmatisch für das Verständnis der Logik der Partei, ist die Argumentation des Anklägers, die der spezifischen Realität der Partei gegenüber realitätsgerechter ist, als es scheinen mag, und die die Karten dieses komplexen Rollenspiels deutlicher offen legt als die seines in Verteidigung befindlichen Gegenübers. In der Manier des guten Pädagogen verlangt er vom zu Erziehenden Einsicht in die Maßnahme der Erziehung, die am zu Erziehenden vollzogen werden soll, nur, dass es sich bei der Erziehungsmaßnahme um ein Todesurteil handelt, das zudem in keiner direkten Beziehung zu Vergehen steht, die dem zu Bestrafenden zur Last gelegt werden. Er soll sich opfern für die Partei, die ihn für dieses Opfer auserkoren hat, um Schaden abzuwenden von der Partei, für die er nicht die Verantwortung trägt. Warum, so fragt der Helfer den Hilfsbedürftigen, weigert er – der sonst bereit ist, sich selbst der Partei zu opfern und ihr andere zum Opfer zu bringen, wenn es um den Kampf gegen den äußeren Feind geht – sich zu sterben, jetzt, wo die Partei einen Freiwilligen sucht, der bereit ist, nur für ein Mal, ein letztes Mal, den Schuldigen zu spielen.

10 In Übereinstimmung mit Marx – »Dieser Mensch z. B. ist nur König, weil sich andere Menschen als Untertanen zu ihm verhalten. Sie glauben umgekehrt Untertanen zu sein, weil er König ist« (MEW 23, 72) – und mit erstaunlicher repräsentationstheoretischer Klarheit erklärte Stalin seinem Sohn: »Du bist ebensowenig Stalin wie ich. Stalin *ist* die Sowjetmacht. Stalin ist sein Abbild in den Zeitungen und den Porträts – nicht du, nicht einmal ich« (Montefiore, 15).

*Mauser*, das einzige Theaterstück Heiner Müllers, das in der DDR schriftlich verboten war, bringt diese Dialektik der Partei und mit ihr diejenige Brechts zu ihrer stalinistischen Kenntlichkeit.

*»Die Revolution braucht dich nicht mehr / Sie braucht deinen Tod. Aber eh du nicht Ja sagst / Zu dem Nein, das über dich gesprochen ist / Hast du deine Arbeit nicht getan. / Vor den Gewehrläufen der Revolution, die deinen Tod braucht / Lern deine letzte Lektion. Deine letzte Lektion heißt: / Du, der an der Wand steht, bist dein Feind und unserer.«* (Müller H. b, 56)

Diese Logik ist konsequent. Wenn das Ganze der Partei größer ist als ihre Teile, die Einzelnen, und dem Zweck der kommunistischen Revolution gegenüber die Wahl der Mittel bedeutungslos, dann sollte der Einzelne von dem geteilten Ziel und den Mitteln seiner Erreichung nicht Abstand nehmen wollen aus dem lapidaren Grund, dass es erreichbar ist nur unter der Bedingung, dass er selbst es nicht erreichen wird. Er will Kommunismus, deshalb will er die Partei, die Partei will Kommunismus, deshalb will ihn die Partei, die Partei will seinen Tod, deshalb will er sterben. – Wird er sterben wollen, so ließe dieser logische Schluss sich schließen, sofern er nicht abschwört, von seinen Idealen, die Partei verrät, also den Kommunismus.

Was für eine Äquivalenzkette, Furor der Repräsentation, Logik der Identität. Sie wird bereits auf dem 11. Parteitag der Komintern (1922) von Lenin in wünschenswertester Offenheit auf den wörtlichen Punkt gebracht, denn mehr Dimensionen als ein Punkt hat das Resultat dieser Logik nicht: *»Und der Staat, das sind die Arbeiter, der vorgeschrittenste Teil der Arbeiter, die Avant-Garde, das sind wir…«* (Lenin, zit. n.

Schritkopcher, 21). Selbst auf der Ebene der Logik schneidet diese Figur der Identität nicht nur alles mit Gewalt ab, was an ihren Mitgliedern über die Linie der Partei hinausragt, sie beraubt sie auch jenes Mehr, das die Partei dem Versprechen nach ihren Teilen voraus haben sollte. Als Organisation hätte sie die Einzelnen aus ihrer Vereinzelung herauszuführen, sie auf eine bessere Zukunft hin zu verbinden. Aber statt über die begrenzten Einzelnen hinauszuweisen, unterwirft sie die Partei unter die Grenzen eines begrenzten Allgemeinen. Die Kommunistin wird besessen von der Partei, von deren Mission sie besessen ist, sie wird zu ihrem Besitz. Das Verhältnis des Privateigentums, aus dem die Partei zu führen verspricht, kann sie selbst nicht verlassen.[11] Dem Zweck, dem Ziel, jenem real-irrealen Transzendenzial, werden nicht nur die Mittel, sondern auch die allzu irdischen Individuen unterworfen. Und dennoch hält der Zweckrationalismus in der Spannung von Mittel und Zweck selbst die Rationalität aufrecht, vor deren Maßstäben er kritisierbar bleibt. Wenn der Zweck die Mittel heiligt, weil er heilig gesprochen ist, dann bleibt er das Licht, in dem die Hässlichkeit der Mittel erst sichtbar wird.

Es bedarf einer genaueren Untersuchung der spezifischen historischen Formation dieser Zweck/Mittel-Logik und der in sie eingebetteten, sie einbettenden Zeitstruktur, um die Analyse der Partei und ihrer erschwerten und verspäteten Auflösung zu einem vorläufigen Abschluss zu bringen. Denn die Zweck/Mittel-Logik unterhält eine spezifische Beziehung zur Zeit, in der die Gegenwart ihre Rechtfertigung nur erhält

11 »Die Inbesitznahme des staatlichen Monopols der Repräsentation und der Verteidigung der Macht der Arbeiter, die die bolschewistische Partei rechtfertigte, ließ dieselbe zu dem werden, was sie war: die Partei der Eigentümer des Proletariats, die die vorherigen Formen des Eigentums im wesentlichen beseitigte« (Debord, 86).

in Hinblick auf eine Zukunft, der sich zu nähern sie in jedem ihrer Momente und ausschließlich anzustreben hat. *»So erhaben ist die Revolution, dass es lohnt, für sie zu leben, dass alle Gegenwart blass, schal wird, wenn sie nicht der Vorbereitung der großen Umwälzung dient«* (Sperber, 115). Es ist eine versprochene Zukunft. Sie verspricht nicht nur Erlösung vom Leiden im Kapitalismus, sondern auch Entschädigung für die Entbehrungen, Lügen und Mühen seiner Abschaffung. Alle in der rücksichtslosen Anwendung der Mittel aufgehäufte Schuld verspricht sie mit einem Schlag zu tilgen. Es ist, als wäre ein Kredit aufgenommen worden mit tausenden Gläubigerinnen, die täglich ihren Einsatz, die Einzahlung erneuern und erhöhen und jährlich neu die Rückzahlung erhoffen, tausende kommunistische Gläubige und nur eine Schuldnerin, die Partei. Ihre rigide Ausschlusspolitik, schonungslose Bekämpfung aller Abweichungen macht es unmissverständlich klar: Nur wer bis zum Ende treu dabei und auf Linie bleibt, darf mit der Auszahlung rechnen. Und gleichzeitig, das ist die spezifisch tückische Rückkopplung, vollendete Risikobeteiligung, ist der Erfolg des Unternehmens doch von niemand anderem abhängig als von den bei ihm Angestellten, den Gläubigern selbst. Ihr Versagen wird mit immer weiterer Verzögerung der Ausschüttung bezahlt – ohne Fleiß kein Preis –, an deren zunehmender Ferne somit alleine sie die Schuld tragen. Das Versprechen aber wird, so unwahrscheinlich und unglaublich seine Erfüllung auch geworden sein mag, aufrechterhalten – bis zum Tag der endgültigen Insolvenz (1989). Welche große Enttäuschung, wenn die Betrogenen sich den Betrug eingestehen müssen, und noch größere, wenn sie erkennen, dass sie selbst die Betrüger sind.

Scheinbar funktioniert die kommunistische Partei nach dem Muster weit älterer als bloß bürgerlicher Modelle, nimmt sie Anleihen bei der Religion, die gegen das Jammertal der Gegenwart Trost spenden soll – und zur Arbeit anhalten. Aber in ihrer verdinglichten Form lässt sich die Partei als spezifische Maschinerie kapitalistischen Typs beschreiben, Genossenschaft, Kreditgesellschaft und Fabrik in einem, die mit hierarchischer Organisation, ökonomischer Effizienz und militärischer Disziplin nur ein einziges Produkt mehr bewirbt als produziert: die Zukunft, kommunistisch.

Aber diese Zukunft ist nie Gegenwart geworden, noch ist sie Zukunft geblieben. Utopieverlust, dieses seltsam dünne Wort, das immer ein wenig nach theologischem Tagungstitel klingt, bedeutet nicht weniger, als dass heute der weitaus größere Teil der Zukunft bereits hinter uns liegt. Nichts anderes besagt die Rede vom Ende der Geschichte. Sie realisiert die (Poppersche) Losung, die nach 89 zum Stimmungsbild der Welt geworden sein scheint: die zu verteidigende Welt sei zwar nicht die beste aller möglichen, wohl aber die beste aller existierenden. Im Vergleich mit den besinnungslosen Glückslügen der stalinistischen Lobreden wirkt sie sympathisch gelassen. Aber von Beginn an ist diese Parole, die sich in der Rhetorik des Kompromisses als affektlose Kühle des Kopfes inszeniert, mit einer furchtbaren Traurigkeit geschlagen. Nicht weil es so schön ist, bleiben sie stehen, sondern weil ihnen der Mut fehlt weiterzugehen. Bewegung ist zwecklos. Das macht das Jubelgeschrei der Sieger des Kalten Krieges so wenig überzeugend; es ist ohne alle Freude. Statt von Erleichterung über das Abwenden einer drohenden Gefahr oder von Mitfreude mit dem neuen Glück der ehemaligen Unterdrückten (Russlands neuen Millionärinnen?) nährt es sich von verbitterter Missgunst. Es ist die Schadenfreude der neidvoll Daheimgebliebenen gegenüber der auf hoher See ersoffenen Schwester. So ist der Sieg selbst von einer vorhergehenden Niederlage gezeichnet. Nicht gewonnen haben die Antikommunistinnen, sondern sich ergeben: In die Unabänderlichkeit des Schicksals. Antikommunistinnen gewinnen nicht, sie geben auf: Nämlich ihre Träume. Von nichts anderem handelt der Merkspruch, wer in der Jugend keine Sozialistin sei, habe kein Herz, wer es im Alter bleibe, keinen Verstand: Vom Erwachsen werden. Das ist nur ein anderes Wort für den Verlust von Hoffnung. Die Apologetik des Bestehenden gründet nicht auf Freude über das Wirkliche, sondern auf verdrängter Trauer um das Mögliche, nicht auf Angst um das Erreichte, sondern auf Furcht vor dem Erreichbaren. Beides aber ist – historisch – begründet. Deswegen dieses Buch.

Wer vom Stalinismus nicht reden will, sollte vom Kommunismus schweigen. Aber was kann vom Stalinismus sagen, wer vom Kommunismus nichts hören will? Wer von der Geschichte dieser Vergangenheit schreiben will, ohne von der Geschichte der Zukunft zu schreiben, die sie in sich begräbt? Ebenso wie der relativen Preistheorie der Wert wird der komparativen Herrschaftsanalyse immer genau das entgehen, um was sie doch beständig oszilliert: die Herrschaft selbst. Sie ließe sich verstehen nur vor der Möglichkeit ihrer Abschaffung, und diese Möglichkeit existiert wie alle Möglichkeiten in der diesen eigentümlichen Existenzform, in der sie noch vor ihrer Verwirklichung als Möglichkeit Wirklichkeit werden muss; die Möglichkeit der Herrschaftsfreiheit existiert, aber nicht apriorisch, sondern historisch.

Das ist das Ereignis des Kommunismus. Nicht wie die Sklavinnen, die nur so frei sein wollten wie ihre Herrinnen, nicht wie die Bäuerinnen, die nur den Zehnten zahlen wollten und nicht den Fünften, nicht wie die Bürgerinnen, die nur die politische Freiheit wollten, nicht die ökonomische – die *klassenlose Gesellschaft* haben die Arbeiterinnen verlangt. Die Abschaffung aller Herrschaft haben die Kommunistinnen versprochen. Und so lange sie erinnert werden, werden sie nie mehr aufhören, sie versprochen zu haben. Es ist für die Herrschaft nicht ungewöhnlich, sich als Freiheit zu (ver)kleiden, spätestens mit der bürgerlichen Revolution tritt sie selten in anderem Gewand auf, aber etwas ist anders, seitdem die Herrschaft derer in die Welt getreten ist, die gegen alle Herrschaft der Welt kämpften. Und dieses etwas verfehlt, wer bloß aufzählt, welche Straßen noch alle mit guten Absichten gepflastert wurden, oder resigniert verkündet, die Macht habe noch gegen alle Ideen obsiegt. *»Der Mensch ist schlecht geboren«* ist die vielgesichtige Formel, in der sich diese Trauerarbeit beschließt; eine historische Melancholie auf gesellschaftlichem Niveau, die sich als Realismus kleidet. Ihr stellen sich mehrere Variationen des gleichen Satzes entgegen, deren naivste *»der Mensch ist gut geboren«*, deren (biopolitisch) radikalste *»der Mensch ist ungeboren«* lautet. Aber die Entgegnung auf der Ebene der Anthropologie verfehlt die Struktur von Traum und Trauer, durch die der *resignative Realismus* eine verweigerte Beziehung zur Geschichte unterhält. Der Mensch sei des Menschen Feind, er habe seinesgleichen immer schon abgeschlachtet und werde sie also auch in Zukunft abzuschlachten fortfahren. Krieg gestern, Krieg heute, Krieg morgen. Das klingt schlimm – aber es ist viel schlimmer. Denn die Behauptung der Wiederholung des Immergleichen ist in Wirklichkeit eine Beruhigungsformel, die sich über das wahre Grauen legt. Wenn es immer schon schlimm war, dann ist eigentlich auch nichts Schlimmes passiert, dann kann eigentlich auch nichts Schlimmes mehr kommen. Aus der Vergangenheit alles gelernt zu haben und also aus der Zukunft nichts mehr lernen zu können ist, auch wenn es nur die Furcht zu lernen gab, ein perfider Trost. Ein Trost, der aber nicht mehr trösten kann, seitdem eine Zukunft versprochen worden ist, in der die Lehren der Vergangenheit nicht mehr gültig sind, es keinen Anlass zur Furcht mehr gibt. Der Stalinismus, dieses *»Verbrechen an der Zukunft der Menschheit«* (Knaudt, 3), ist so nicht irgendeine, nicht bloß eine weitere Herrschaft, sondern Paradigma und erstes Glied in einer unabgebrochenen Reihe von Enttäuschungen, die so niederschmetternd nur hatten werden können, weil sie auf einer Hoffnung basieren, die früheren Generationen unbekannt war.

Deswegen ist dem Antikommunismus zu allererst vorzuwerfen, dass er die Verbrechen des Stalinismus verharmlost. Nicht weil in den Gulags neben den Menschen auch noch eine Idee gemordet worden wäre – was für ein zynischer Einfall –, sondern weil erst der Kommunismus das historisch einklagbare Anrecht in die Welt gezwungen hat, keine Entmündigung hinnehmen, nicht eine einzige Erniedrigung mehr ertragen zu müssen. Seit dem ist noch das kleinste Unrecht größer und das größte schmerzt um ein Vielfaches mehr.

## Vier. Klasse

*»Wenn es einen Wirklichkeitssinn gibt, muss es auch einen Möglichkeitssinn geben. […] Wer ihn besitzt, sagt beispielsweise nicht: Hier ist dies oder das geschehen, wird geschehen, muss geschehen, sondern er erfindet: Hier könnte, sollte oder müsste geschehen. […] So ließe sich der Möglichkeitssinn geradezu als Fähigkeit definieren, alles, was ebenso gut sein könnte, zu denken und das, was ist, nicht weniger zu nehmen als das, was nicht ist.«* (Musil, 16)

Die Klasse ist tot. Auch in einer Klassengesellschaft fällt es leicht, das zu schreiben. Denn es gibt – hier, jetzt – kaum Anzeichen von Leben, das sich deutlich dieser Diagnose widersetzen würde. Und es kann – vielleicht – auch kein gegenwärtiges Leben mehr geben, das die tausend Tode überragen könnte, die dazu zwingen, ein solches Urteil festzustellen, es nüchtern zu protokollieren. Es heißt zuweilen, gegenwärtig würden mehr Menschen leben als je in der Geschichte gelebt haben, also auch gestorben sind. Auf die Kommunistinnen trifft das nicht zu. Es handelt sich bei ihnen um eine kleine Minderheit von Lebenden, die sich einer überwältigenden Mehrheit der Toten gegenüber sieht.

Die Niederlage der Klasse, ihre Unfähigkeit, häufige Unwilligkeit den Nationalsozialismus zu verhindern, macht es unbestreitbar. Es ist, zumal in Deutschland, leicht, diesen historischen Leichnam der Klasse zu beerdigen oder ihn, noch einfacher, zu verscharren, am Rande eines Weges liegen zu lassen, den wir nicht mehr beschreiten. Es ist schwer zu wissen, wer es ist, dessen Verlust wir nicht betrauern, schwer, beinahe unmöglich ist es uns Lebenden, zu wissen, wer die Tote war, die wir ohne Grabstein begraben. Wer die Klasse der Kämpfenden war, deren Mission gescheitert ist, die mit einer gewaltigen Blamage untergegangen ist, das können wir nur ahnen. Erben unbekannter

Ahnen, stehen wir in ihrem Schatten, weil die Sonne des Fortschritts, an den wir nicht mehr zu glauben bereit sind, in unserem Rücken glimmt. Die Stimmen, hier diejenigen Peter Weiss', hallen aus ihren Särgen, wispern von jenem abgebrochenen Aufbruch, der erstmalig in der Geschichte der Menschheit, unübertroffen in seiner Lautstärke, jene zur Sprache brachte, die immer vom Wort abgeschnitten waren.

*»Einmal hatten wir uns wütend davon losgesagt, dass die Lektüre eines Buchs, der Besuch einer Kunstgalerie, eines Konzertsaals, eines Theaters für uns mit zusätzlichem Schweiß und Kopfzerbrechen verbunden wäre. Inzwischen gehörten die Versuche, der Sprachlosigkeit zu entkommen, zu den Funktionen unsres Daseins, was wir dabei fanden, waren erste Artikulierungen, es waren Grundmuster, von denen aus das Verstummen überwunden und die Schritte in einen kulturellen Bereich vermessen werden konnten.«* (Weiss, 54)

Schritte in den kulturellen Bereich des Bürgertums, einen fremdgemachten, feindlichen Bereich. Die Sprache, die zu erlernen ist, ist die Sprache der anderen, die herrschende Sprache, die die Herrschenden sprechen. Sie zu erlernen, bedeutet, sie anzueignen, sie ihren rechtmäßigen Eigentümerinnen abzuringen, zu entwenden und umzueignen, umzuwandeln bis zu dem Punkt, an dem die eigenen Erfahrungen sich in ihr artikulieren lassen. *»Jedes Wort musste«*, wie es bei Weiss an anderer Stelle in Bezug auf die Zeit im nationalsozialistischen Untergrund heißt, *»aus der Machtlosigkeit herausgesucht werden, um jenen Ton zu treffen, mit dem wir uns […] Ausdauer, Zuversicht und Lebenskraft zusprachen«* (Weiss, 24). Um jenen Ton zu treffen, der auch oder zu anderer Zeit, mehr als Bestätigung zu geben und Trost zu spenden, in der Lage ist, ein Unbehagen am Bestehenden allererst hervorzurufen oder ein bereits stumm bestehendes in Schwingung, eine hörbare Schwingung zu versetzen. Die Worte, die angeeignet zu den eigenen werden, zur Sprache, die der eigenen Geschichte entspricht, in der sie sich neu besprechen lässt, lassen sich verbreiten, verbreitern und weitergeben. Und sie werden weitergegeben und aufgenommen, ungeübt, begierig, sprachhungrig. *»Es war«*, schreibt Georg Glaser, *»als hätte ich seit Jahren schon den Platz vorbereitet, um die Worte aufzunehmen, die ich erfuhr«* (Glaser, 40). Dieser Platz ist nicht leer, und wenn, dann nur im Sinne unterstrichener Auslassungen in einem Lückentext. Es geht nicht um primären Ausdruck vorsprachlicher Empfindungen der Kritik, eher um Übersetzungen, Transformationen. Die bürgerliche Sprache stellt bereits Konzepte von Gleichheit, Gerechtigkeit zur Verfügung und dennoch verhindert sie die Artikulation kapitalistischer Ausbeutung, die sich in der Logik des freien und gleichen Tauschs vollzieht. Die Sprache des Proletariats, die nicht die Alltagskommunikation der arbeitenden Bevölkerung, einen gewissen restricted code meint, sondern eine politische, politisierende Sprache, bringt die Erfahrungen der Klasse auf den Begriff und treibt sie über das Seufzen am Arbeitsplatz, Knurren beim frühmorgendlichen Aufstehen hinaus auf die Möglichkeit anderer Erfahrung zu.

*»Wie befreiend war es für mich, Benennungen zu hören, die aus meinem dumpfen Widerwillen gegen Eigenschaften und Gewohnheiten des Alten ein öffentlich anerkanntes, um die Zukunft und das Glück der Menschen verdientes Streben machten«* (Glaser, 38).

Mit dem Alten ist hier vordergründig der Alte des Protagonisten gemeint, sein Vater, ein autoritärer Postbeamter, der seine Kinder fast tot prügelt und der gleichzeitig als Kleinbürger und späterer Nazi als Metonymie fungiert für das Alte selbst, das Überlieferte der Tradition der Herrschaft,[12] um dessen Abschaffung es geht. Befreiend ist diese Sprache der Befreiung, weil sie schon in der Benennung des Unrechts dieses aus dem Status des Selbstverständlichen und Unhinterfragbaren heraussprengt und gleichzeitig mit der Möglichkeit seiner Kommunikation die Möglichkeit der Kollektivität herstellt. Kollektiv wird das Unrecht erlitten, kollektiv kann es bekämpft werden. In der Sprache des Klassenkampfes formiert sich die Klasse und kämpfend kann sie in ihr die Möglichkeit ihrer eigenen Abschaffung antizipieren. Es ist schwer, nach dem Verschwinden der Klasse die Bedeutung dieser kollektiven Erfahrung nachzuvollziehen, und unmöglich ist es – jetzt – in einer Geste der Authentizität die Sprache einfach zu zitieren, in der sie sich artikulierte. Zu sehr ist diese Sprache kontaminiert von ihrer Zukunft, der von heute aus gesehen viel näheren Vergangenheit, in der sie dogmatisch eingefroren, in einer ständigen Gegenwart still gestellt wird. Der Versuch, eine Sprache zu finden, die sich öffnen könnte für die Wiederkunft einer aus der Zeit geratenen Erfahrung, kommt nicht umhin, sich dem Risiko des Pathos auszusetzen. Einer durch die historischen Kräfteverhältnisse der Gegenwart bestimmten Sprache muss sowohl die Spra-

12 »Denn was mich anzog und überwältigte und mir als Ziel genügte, war ihre Auflehnung gegen das Herkommen. Ich hatte den tödlichen Zwist mit meinem Alten wie eine Schande verborgen und nie das bange Gefühl verloren, anstößig zu handeln, nur indem ich außerhalb seiner Reichweite atmete. Es kam mir nicht einmal so sehr darauf an, dass meine wunderlichen Freunde mir gegen meinen Alten recht gaben, sondern vielmehr, dass sie Dinge wie Stehkragen, Schnurrbärte, Bier, kurzen Haarschnitt, bürgerliche Kleidung verpönten und verspotteten – sie zerissen das Bild des Alten« (Glaser, 38). Die verwirrende Vertrautheit dieser Formulierungen lässt ermessen, wie gründlich Konterrevolution und Restauration gewesen sein müssen, dass 1968 weder als Fortsetzung noch als Wiederholung erlebt wurde, sondern als Neubeginn.

che dieser Hoffnung als auch die ihrer Enttäuschung anachronistisch, zur Fremdsprache geworden sein. Am ehesten kann sich der Erfahrung der Klasse deshalb von hinten her angenähert werden, weiter rückwärtsgehend, vom Moment ihres Ablebens aus, in dem schmerzlich noch nachhallt, was verschwunden ist.

Mitte der dreißiger Jahre klingt und liest sich die gefrorene Sprache der kommunistischen Führung wie folgt:

*»[Er] hatte seine Sprache nicht mehr, sobald es um ernste Dinge ging, sondern kraftlosen, kraftmeierischen Zeitungsjargon, der [...] als Symbol der Ohnmacht erschien [...]. In diesem Gespräch hatte [er] unter anderem gesagt: ›Wir können die Durchführung der Vorbereitung der Revolution nur durchführen, wenn wir die Aufzeichnung des verräterischen Charakters der SPD-Führung durchführen.‹ Vor dem letzten Wort hatte [er] mit der Faust auf den Tisch geschlagen, als hatte er die Schwäche des einzigen Wortes, das sich anbot, gespürt.«* (Sperber, 162)

Sperber kommentiert:

*»Eine Führung, die die Tätigkeitswörter vergessen hat und die Handlungen nur in abstrakten Substantiven ausdrücken kann, die sie ewig mit ›durchführen‹ verbindet, wird weder die Revolution vorbereiten, noch irgendeinen verräterischen Charakter erfolgreich entlarven.«*[13] (ebd.)

13 »Man zitiert immer wieder Talleyrands Satz, die Sprache sei dazu da, die Gedanken des Diplomaten (oder eines schlauen und fragwürdigen Menschen überhaupt) zu verbergen. Aber genau das Gegenteil hiervon ist richtig. Was jemand willentlich verbergen will, sei es nur vor anderen, sei es vor sich selbst, auch was er unbewußt in sich trägt: die Sprache bringt es an den Tag« (Klemperer, 16).

In den Substantiven, im Deutschen zudem sichtbar großgeschrieben, Signum der Institution, versinnbildlicht sich der Abschied von Offensive, von Angriff, von Revolution, stattdessen Rückzug, Verteidigung, Sowjetunion; die Klasse verschanzt sich hinter den Majuskeln ihrer neuen Festung. Stillstand kehrt ein und mit ihm ein gewisser Realismus. Beschreibung der Wirklichkeit als Bestätigung des Bestehenden und, so lässt sich vermuten, Verbannung des Konjunktivs: *Könnte, würde, wollte, wünschte* verschwinden im Schrank der Abweichungen – unter Anarchismusverdacht. Diese Sprache verspricht nichts mehr. Anfang der 30er ist es deutlich zu spüren.

*»Viele gute alte Genossen wurden rot vor Scham, wenn ein Marktschreier zur Aufnahmeerklärung in die der Partei angegliederten Gewerkschaften und Wehrverbände anfeuerte: ›Dreißig, einunddreißig, zwei-, drei-, vierunddreißig – es fehlen noch sechsundzwanzig bis zum gesteckten Ziel – wer wagt den Schritt – wer will noch etwas für seine Klasse tun – ahaaaah, fünf-, sechs-, siebenunddreißig.«* (Glaser, 73)

Sprache der Konkurrenz, der Quantität, der Akkumulation, in der gegenüber der Klasse (des Bewusstseins) stetig die Figur der Masse, die nur noch durch das Zeichen des Parteibuchs verbundene Zahl, an Gewicht gewinnt. Mehr und mehr verschwindet die Zukünftigkeit der Klasse aus ihrer Gegenwart, weicht der Gegenwärtigkeit eines taktischen und ökonomischen Kalküls. Und mit der Organisation verändern sich die Organisierten, ein neuer Typus des Parteiarbeiters setzt sich durch. Glaser fährt fort:

*»In den Versammlungen traten die Kampfgruppen […] soldatisch auf, trugen an hohen Schaftstiefeln Absatzeisen, die fast wie Sporen klirrten, und an den blauen Schirmmützen*

*lederne Sturmriemen. Während der Zeit des allgemeinen Uniformverbotes umgingen die Wehrverbände aller Parteien das Gesetz, indem sie überall kaufbare Mützen, Stiefel und Reithosen trugen. Meist konnte man erst ganz aus der Nähe die eisenklirrenden Leute als Braune oder Unsrige erkennen. […] Das Gehabe eines Teils unserer Genossen war das geschilderte, aber da sie die Mehrheit waren und da sie dem Geschmack der ›Masse‹ am nächsten kamen und da wir entschieden hatten, eine Massenpartei zu werden, waren die Versammlungen mehr oder weniger darauf ausgerichtet, ihre Begeisterung zu erzeugen.*

*Und in den Nächten, die auf die Versammlungen folgten […], oder müde und doch erregt von einer stundenlangen Jagd – die Braunen jagend oder von den Grünen gejagt – gingen wir ratlos durch die dunklen, immer stilleren Gassen, zu viert, zu dritt […], ziellos, bis in den Morgen. […] Unser Traum, der Traum der Jungen, die sich auf das Eingehen in die kommende Zeit wie zu einer Hochzeit zu läutern und vorzubereiten bemühten, die unablässig an sich arbeiten, von der Sorge beseelt, keine der seelischen Gebrechen, Hemmungen und Schäden der Vergangenheit wie Schmutz an den Sohlen in die Zukunft zu tragen, die nicht nur über den Weg, sondern auch über das unmittelbare und das ferne Ziel und die Gestaltung ihrer Welt suchten und stritten: unser Traum wurde abseitig, und wir träumten ihn schlechten Gewissens.«* (ebd.)

So seltsam wie gewöhnlich ist diese heterosexuelle Metaphorik, in der das revolutionäre Begehren beschrieben wird, die überkommene Figur der Ehe, nach der das Verhältnis zur Revolution, zur erwarteten Zukunft, sich formt. Die Hoch-Zeit der Revolution wird ihr zur Hochzeit, bei der die erfolgreichen Revolutionäre den Bund für ihr Leben, ein besseres, anderes Leben eingehen. Bis dahin aber ist die

Braut nur eine versprochene. Versprochen auf der Grundlage eines Vertrages zwischen Väterchen Stalin, der Mutterpartei auf der einen Seite, der Zukunft auf der anderen. Die Mitgift besteht in Enthaltsamkeit, Treue, täglicher Arbeit und wird von dem zukünftigen Bräutigam, dem Verlobten selbst entrichtet. Wenigstens das. Aber schwingt nicht in den Beschreibungen des neuen Militarismus, dieses Machtgehabes auf der Höhe der nationalistischen Zeit, auch die Verletzung der anständigen und wohlmeinenden Arbeiter mit, das Gefühl betrogen worden zu sein, abserviert von diesen hypermaskulinistischen Proleten, die doch eigentlich selbst eine ganz andere umwerben, für die sie sich schmücken, deren Geschmack sie treffen wollen – die Masse? So wie die Partei als sowohl kapitalistische und religiöse Maschinerie beschrieben werden kann, so kann hier im Moment der Transformation der Sprache der Klasse eine politische Ökonomie und eine sexuelle, das heißt heterosexuelle Ökonomie[14] ausgemacht werden. Und so abwegig diese Begehrensökonomien auch dem konsequent antimetaphysischen »Weltbild« des Parteimarxismus selbst erscheinen mögen, so wirklich und wirksam sind sie dennoch. Denn, so schreibt Glaser, der Traum, den sie träumten, *wurde abseitig*, und erst in *diesem* Moment, das heißt er war es nicht immer, er war es vorher nicht, er war bis dahin diesseitig, es war ein *diesseitiger Traum*. Diese Figur verdient Achtung und ungeteilte Aufmerksamkeit, denn es ist genau diese Erfahrung, die unter veränderten Kräfteverhältnissen nicht mehr nachvollzogen werden kann. Es ist die Erfahrung des realen Traumes, der gegenwärtigen Zukunft, die in der zukunftslosen Gegenwart des Endes der

14 Wie erfrischend dagegen die leichte Verschiebung, die Rasberry Reich, der letzte Film von Bruce la Bruce vornimmt: »Boyfriend? I don't have any boyfriend. THE REVOLUTION IS MY BOYFRIEND" (La Bruce).

Geschichte irrealisiert wird. Sie taucht in Glasers Buch *Geheimnis und Gewalt* in überraschender Formulierung in einer früheren Passage auf, der wir uns rückwärtsgehend jetzt annähern können. Diesmal handelt es sich, zur angenehmen Abwechslung, um das Verhältnis zweier Frauen.

»*Zuweilen konnten sich fünfzehn oder mehr Menschen in der gar nicht großen Wohnung Margarets treffen. Sie war erpicht auf immer neue Gesichter und jeder erstmalige Besuch war ihr Anlass, auf das rote Plüschruhebett zu deuten und dessen geschichtliche Bedeutung zu verkünden. Es hatte ›Rosa‹ als Nachtlager gedient, sooft sie in unsere Stadt gekommen war. Margarets Augen leuchteten, wenn sie aus jener fernen Zeit erzählte, die uns Jungen fern erschien wie die Geburt des Erlösers. Wir waren ergriffen, Zeitgenossen einer Zeugin zu sein, die eine Gestalt der ›Geschichte‹ noch in Fleisch und Blut gesehen hatte.*

*›Wie ich sie zum ersten Mal gesehen habe‹, träumte sie uns vor, während wir an ihrem Antlitz hingen, um einen besonderen Glanz zu entdecken, den die Begegnung mit der großen Toten hinterlassen haben musste. ›Ach, das war ganz am Anfang, da hab ich mir gesagt, Gott, so e klein Frauche, kaum soo hoch, wie kann sie vor dem ganze Marktplatz schwarz voll Mensche sich durchsetze.‹ Sie unterbrach sich stolz: ›Ja, wenn es geheiße hat, die Rosa spricht, dann is kein Arbeiter daheim geliebe. Und wie sie angefangen hat zu rede – da hab ich verstande, warum mir is es Herz durchgange.‹* « (Glaser, 61 f)

Es ist nicht ganz leicht, diesen Traum richtig zu lesen oder richtig abzuschreiben, wie leicht, wie viel leichter, ist es heute zu hören *träumte sie vor sich hin*. Es heißt aber *träumte sie uns vor*. Vorträumen. Der Traum ist hier keine privatistische Jenseitigkeit, unnahbare Erfahrung der in sich selbst gekehrten ›Träumer‹, die mit leerem Blick in eine nur ihnen zugängige Zauberwelt flüchten, sondern kollektiv geteilte Tätigkeit. Gemeinsames Herbeiholen des Abwesenden, das im doppelten Sinne vorgestellt wird, imaginiert und präsentiert, d. i. demonstriert. Eine Traumdemonstration. So romantisierend sich diese Formulierungen unter den gegenwärtigen Kräfteverhältnissen lesen, in denen bereits der Wunsch selbst, nicht erst seine Erfüllung unwahrscheinlich geworden ist (vgl. Adamczak a und b), so wenig sind sie es doch für diejenigen, die die Sprache der Klasse lernten, als sie noch eine gesprochene Sprache war – im Gegensatz zum Parteilatein späterer Jahrzehnte. Wir müssen, glaube ich, die Folie des Lagerfeuers mit Gitarrenklampfen beiseite zu legen versuchen, die der objektive historische Prozess uns unwillkürlich über die beschriebene Szene spannen lässt. Nichts in dem Zitat widersetzt sich dem explizit, im Gegenteil: Die religiös-christianisierende Metaphorik legt den Vergleich sogar nahe, und dennoch geht es hier nicht um einen nostalgischen Rausch, eine rückwärts gewendete Sehnsucht, die die Jungen durch die verklärenden Erzählungen der Alten mit diesen teilen. Die Vergangenheit ist hier – trotz der Rede von einer in Anführungszeichen gesetzten »Geschichte« – ebenso wenig abgeschlossen wie die Zukunft – für die zu kämpfen die Zuhörenden mit den Erzählenden und den Erzählten verbindet – von der Gegenwart getrennt. Noch – und dieses noch ergibt sich lediglich aus der rückblickenden Perspektive, die weiß, dass es anders kam – kann die Revolution gemacht werden, noch kann das von Rosa Luxemburg begonnene Projekt vollendet werden. Vor allem aber – und das ist bedeutsam für die Frage der Nostalgie ebenso wie für die der abwesenden Trauer: Noch kann der Tod der ermordeten Revolutionärinnen gerächt werden. Und er *wird* gerächt werden, denn die Revolution wird kommen. Daran besteht keinerlei Zweifel, sie ist keine Möglichkeit, sondern eine Notwendigkeit und ihr Eintreten steht kurz bevor. Die Passage, die der zitierten unmittelbar vorhergeht und die ebenfalls in dem eben beschriebenen Haus spielt, macht dies offensichtlich:

»*Von Zeit zu Zeit machte einer der Anwesenden längs eines Bilderrahmens einen senkrechten Strich an die Wand, dem er das Datum anfügte. Der Strich folgte der zunehmenden Neigung der Wand, während das Bild fortfuhr, lotrecht zu hängen. Dieses Spiel war schon so oft wiederholt worden, dass sich zu Seiten des Rahmens ein regelrechter, nach unten offener Fächer ergeben hatte, der genau die Geschwindigkeit angab, mit der das Bauwerk sich senkte.*

*Wir sahen die Darstellung ohne Besorgnis. Wir verglichen den morschen Wohnbau mit dem der alten Gesellschaft und verfolgten heiterer Laune den Wettlauf zwischen Fallgeschwindigkeit und dem anderen, mächtigeren Naturgesetz der heranreifenden Umwälzung. Wir hätten über Warnungen nur gelacht und den Zweifler einen Narren gescholten, so unumstößlich war in uns die Gewissheit, dass der Sieg unserer Klasse uns ein neues Haus beschert, lange bevor das alte uns hätte unter sich begraben können.*« (Glaser, 61)

Naturgesetz der heranreifenden, der kurz bevor stehenden Umwälzung. In der immer noch im Erbe von Kautskys Attentismus stehenden deutschen Arbeiterinnenbewegung ist das Misstrauen, dieser Begriff könne ernst, könne im Sinne eines ökonomischen Zusammenbruchgesetzes gemeint sein, durchaus angebracht. Die Gewissheit, die kommunistische Zukunft stehe unmittelbar bevor, und zwar garantiert durch den unaufhaltsamen Fortschritt gesellschaftlicher Naturgesetze, wäre dann mitschuldig an der gewaltigen Niederlage der Klasse, die abgemindert, gar verhindert hätte werden können, wäre sie nur für möglich gehalten worden. Und sicherlich ist der Betrug der Sicherheit, die vertrauensvoll immer wiederholte Versicherung, mit der Klasse – und zuweilen bloßer Zugehörigkeit – den Wetteinsatz auf die Zukunft schon an der richtigen Stelle platziert zu haben und ganz ohne Zweifel auf lange Sicht auf der siegreichen Seite zu stehen, mitverantwortlich sowohl für den Zulauf zu vieler Deutscher, denen es vor allem ums Siegen ging, wie auch für ihr plötzliches Verschwinden und Überlaufen zum ehemaligen Feind im Moment von dessen Machtergreifung. Über die Gründe für das Überlaufen der so genannten Märzgefallenen im März 1933 protokolliert der konservative Antifaschist Sebastian Haffner nüchtern:

»*Eine seltsam deutsche Figur, dieser Gedankengang: ›Alle Voraussagen der Gegner der Nazis sind nicht eingetroffen. Sie haben behauptet, die Nazis würden nicht siegen. Nun haben sie doch gesiegt. Also hatten ihre Gegner Unrecht. Also haben die Nazis Recht.‹ Sodann [...] ›St. Marx, an den man immer geglaubt hatte, hatte nicht geholfen. St. Hitler war offenbar stärker. Zerstören wir also St. Marx' Bilder auf den Altären und weihen sie St. Hitler. Lernen wir beten: Die Juden sind schuld, anstatt: Der Kapitalismus ist schuld. Vielleicht wird uns das erlösen.‹*« (Haffner, 133)

Die Sprache der Religion, die Haffner hier polemisch verwendet, ist gänzlich angemessen, denn um ein Problem des Glaubens geht es hier offensichtlich, unabhängig davon, wie dieser Glaube ökonomisch, politisch, analytisch ge- und begründet wird. Glauben. Erschütterlicher und unerschütterlicher. Im selben Jahr lässt Manès Sperber eine

Kommunistin zu ihrem Mann in dem kurzen Moment ihrer konspirativen Zusammenkunft sagen:

*»Damals, vor 20 Jahren, hast du gesagt, noch einen Ruck und alles wird anders. Im Sommer 14 hast du gesagt, die Arbeiterklasse wird einen Krieg nicht zulassen. Im Winter 17, wie du aus dem Lazarett herauskamst, sagtest du: Nun wird es ernst. Jetzt geht's bald zum allerletzten Gefecht. 1923 haste wochenlang gesagt: Das kann heute, morgen losgehen, dann ist der Spuk vorbei. Dann hast du gesagt, die Krise ist die letzte, die überlebt der deutsche Kapitalismus nicht mehr. Und nun sagst du, mit der Partei geht es aufwärts und mit Hitler geht es bergab. 20 Jahre lang haste unrecht gehabt, immer warste auf der Seite, die wo gerade die schlimmste Haue abgekriegt hat. […] Ich habe schon lange keine Kraft mehr, immer nur zu glauben, immer nur zu hoffen.«* (Sperber, 201)

Kraft zu glauben. Kraft zu hoffen. In dem historischen Moment, in dem offenkundig wird, dass der Glauben an die kommende Revolution nur noch eine Illusion ist, die einzig noch dazu dient, der Kommunistin den zu lange überfälligen Zusammenbruch vom bedrohten Leib zu halten, sie durch den Tag im Versteck und die von Flucht geprägte Nacht zu bringen, eine Illusion, an die zu glauben sie nicht ernsthaft noch in der Lage ist, mechanische Wiederholung, die das Notwendige nur noch begleitet statt zu erleichtern, wird offenbar, dass der alte Merksatz vom Kraft spendenden Glauben nur die Hälfte der Wahrheit ist. Das Wünschen, Wollen und Hoffen erfordert selbst Kraft, manchmal sogar, so scheint es, mehr als es sein zu lassen, aufzugeben. Das meint nicht die psychische Energie, derer es bedarf, eine Lüge aufrechtzuerhalten, nachdem ihr Verfallsdatum abgelaufen ist. Sondern die Anstrengung sich zu widersetzen, der immer stärker werdenden Sehnsucht zu widerstehen, sich einfach gehen zu lassen, aufzuhören, endlich, sich dem Geschehen zu überantworten, dem Strom, der davon trägt und in die Tiefe zieht. Woher kommt diese Kraft zu hoffen, woher sie nehmen, wie wird sie gegeben, wem, vor allem: wann? Denn es ist eine Frage der Zeit, nicht oder kaum des Geists, der Psyche, des Charakters. Eine Frage der Geschichte, der Geschichte des Wunsches, der Wunschgeschichte. Eine Frage nach jenen historischen Bedingungen, die die Kraft haben, die Kraft eines Glaubens zu geben, der über diese seine Geschichte hinausweist und damit über die Logik des Glaubens selbst. Kein Glaube also, der das Abfinden erleichtert, das Einfinden ermöglicht, kein kontrafaktischer, sondern ein antifaktischer Glaube, ein gegen die Wirklichkeit gerichteter, ihr feindlich gesonnener, sie höchstmöglich hassender Glaube. Ein Antiglaube, der sich mit derselben Intensität gegen sich selbst kehrt wie gegen die Bedingungen, denen er entstammt. Welche Bedingungen können die Kraft zu einem solchen Glauben geben? Kann es sie überhaupt geben, mächtig genug, um diesen Glauben von der Geschichte des Glaubens zu emanzipieren?

Franz Jung beschreibt, wie innerhalb der KAPD, einer kleinen Partei der »Linksabweichung«, die zeitweise über 40.000 Mitglieder zählte, bereits Ende der 20er Jahre die Kraft zu hoffen verbraucht ist. Der Glaube richtet sich gegen sich selbst, aber in ganz anderer Weise als der eben hypothetisierten. Der *»Hass, der im Untergrund jeder Revolte steckt und ohne den eine Revolte überhaupt keine Chance hat, nach außen zu stoßen und sich durchzusetzen«*, beginnt sich in einer resignativen, autoaggressiven Bewegung gegen den Traum der Revolution selbst zu richten.

*»Bei diesem Hass, auf den ich jetzt in der Bewegung stieß, hatte sich das Ziel verschoben. Es richtete sich zunächst ge-*

*gen den von Moskau aufgebauten Parteiapparat, gegen das Überwachungssystem in den blassen Theoriediskussionen, gegen das Unfehlbarkeitsprinzip, das die Moskauhörigen für sich in Anspruch nahmen, obwohl die ›Unfehlbarkeit‹ dieser Figuren oft nur von sehr kurzer Dauer war. [...] Er richtete sich ganz allgemein auch gegen Moskau, entstanden aus der Erbitterung der zunehmenden Enttäuschung. Er richtete sich schließlich auch gegen die russische Revolution, die bereits ebenso verraten schien. [...]*

*In keinem Falle ist, was überraschen mag, einem Parteibeamten ein Haar gekrümmt worden; keines der zentralen Büros wurde gestürmt, was vielleicht eine gewisse Entspannung gebracht hätte [...] Die Revolte richtete sich gegen den Versuch, die Perspektive einer Revolution zu ändern und zu verlängern, [...] gegen die eigene Partei, deren Zusammenbruch bereits sichtbar war. Diese Revolte tobte sich nicht gewaltsam aus, sondern schwelte unter dem Druck tödlichen Schweigens. Die Leute gingen nach Hause und zerrissen ihre Mitgliedsbücher. Sie hörten auf, im Betrieb miteinander zu sprechen und zu diskutieren.«* (Jung, 167)

Diese Sprachlosigkeit erwächst aus dem Misstrauen gegenüber der Sprache der Klasse, vor allem ihrem Versprechen. Es ist die Verweigerung, die Sprache des Möglichen weiter zu sprechen, die noch länger für möglich zu halten nach zu vielen Enttäuschungen die Kraft fehlt. Zur selben Zeit können andere, Nachkommende, denen die Revolutionsversuche von 1918/1919 und die folgenden gescheiterten Bemühungen um Generalstreik Erzählungen aus einer Zeit sind, die sie selbst nicht miterlebt haben, Erfahrungen ganz anderer Art machen. Zeit der Ungleichzeitigkeit, die gleichzeitig Bedingung des resignativen Rückzuges ist und immer noch Kraft für Hoffnung lässt. An der wenig aussagekräftigen Größe der Mitgliedschaft von SPD und KPD gemessen, hält eine angeblich revolutionäre, zumindest potentiell antifaschistische Arbeiterinnenschaft noch 1933 eine mögliche Hegemonie, unwahrscheinliche Hegemonie der Möglichkeit. Glaser lässt den Protagonisten seiner fiktiven Autobiographie in wenigen Jahren eine Entwicklung nacherleben, die sich in der kommunistischen Geschichte über mehrere Jahrzehnte erstreckte. Als Landstreicher, der in den zwanziger Jahren vor seinem autoritären Vater, späteren Nazi, aus der Kleinstadt flieht, von der Polizei aufgelesen in sozialreformatorischen Erziehungsheimen landet, über die Wanderfreizeiten der Naturfreundejugend zu den Anarchistinnen, den Kommunistinnen stößt, kann er Erfahrung glühender Begeisterung, eines wenig säkularisierten Messianismus machen. Die Erfahrung der Zukunft, einer möglichen Zukunft der Revolution ist ihm und seinen Genossinnen in einer solchen Weise präsent, gegenwärtig, dass sie von ihren ersten Arbeitgeberinnen, Meistern noch am Tag ihrer Einstellung davongejagt werden, da sie *»sämtliche Forderungen aller Gewerkschaften«* auf einmal stellen (Glaser, 44). Über die Aneignung der kommunistischen Geschichte fast immer gescheiterter Revolutionsversuche schreibt Glaser:

*»Rastlos vervollständigte ich mein Wissen. Und über die Beschreibung der jüngsten Aufstände und Revolutionen empfing ich die Botschaft, dass ich einer Klasse angehörte, der die Geschichte eine einzigartige, gigantische, die Ewigkeit sichernde Aufgabe, das Heil der Menschheit, zugedacht hatte.«* (Glaser, 42)

Wenig säkularisierter Messianismus. Missionismus, der seine Mission von einem übermenschlichen Auftraggeber (Aufgaben-Zu-Denker) gestellt bekommt, einer gewissen *Geschichte*, die in diesen Formulierungen in den Rang eines metasubjektiven Subjekts gehoben wird. Diese messianische Kraft – es ist eine starke messianische Kraft – ist metaphysisch, aber sie müsste es nicht sein. Bräuchte den Rückgriff auf den Verbündeten einer wie das Richtschwert über den Kämpfenden schwebenden Übermacht nicht. Weil die historische Mission nicht von einer Geschichte an die Arbeiterbewegung herangetragen wird, sondern weil diese Bewegung selbst bereits tut, was sie verkündet: die Geschichte selbst zu machen. Die menschliche Geschichte, die die Geschichte jener Menschen ist, die sich ihre Ziele, ihre Zwecke selbst setzen. Das ist der wahre, der ganz und gar nicht metaphysische, der antimetaphysische Kern dieses Messianismus ohne Messias. Die Mächte der Geschichte, die sie als Bündnispartner sich versichern, sind sie selbst.

Aber in der vorliegenden Formulierung der späten 20er Jahre, die diese Form womöglich bereits deshalb annimmt, weil die historischen Kräfteverhältnisse, die lange Reihe der Niederlagen bereits objektiv das Bedürfnis nach einem mächtigen Verbündeten schürt, einer metarealen Geschichte des Fortschritts gegenüber der realen Geschichte der sich anbahnenden Katastrophe, kündigt sich schon die Komplizenschaft des Messianismus mit dem Versagen und den Verbrechen der Partei an. Das, was sich in der Formation der Partei vollendet, zur Vollendung einer losgelösten Verselbstständigung kommt, nimmt hier seinen, zumindest einen Ursprung. Figur der Verdinglichung: die Kommunistinnen, angetreten, alle Verselbstständigungen der menschlichen Taten gegen die Menschen selbst aus dem Weg zu räumen, den Albdruck der toten Geschlechter abzuwälzen, verselbstständigen ihre Macht, kaum haben sie sie erkannt, wieder gegen sich, stellen sie sich, fremd, gegenüber, übergeben sich dieser vertrauenserweckenden Macht, der Souveränität des beschützenden Führers, den sie selbst ermächtigen, in ihrem Namen und durch sie zu handeln. Der Macht der Gewohnheit folgend, überantworten sie ihre Macht der Macht ihrer eigenen Schöpfung. Die Unterdrückung der Arbeiterklasse kann, so lässt sich sehen, durchaus das Werk der Arbeiterklasse selbst sein. Es rettet sie – so glaubt sie doch – ein höhres Wesen. Gott – König – Staat – Geschichte – Partei.

Der Messianismus, der nicht der Messianismus ist, sondern einer, ein bestimmter, ist somit ein doppelter. Er ist auf beiden Seiten involviert. Auf der einen Seite führt *»gerade das messianisch konturierte Versprechen einer anderen Zeit, eines neuen Menschen, einer glücklicheren Gesellschaft mit dazu […], an der Partei festzuhalten und mit Kritik abzuwarten, obwohl die politischen Entwicklungen überdeutlich in autoritäre Richtung weisen«* (Diefenbach, 35). Auf der anderen Seite ist es gerade das messianische Versprechen dem gegenüber sich frühzeitig die Schalheit, Blässe der kommunistischen Bewegung abzuzeichnen beginnt, die später in der spießbürgerlichen Farblosigkeit eines Deutschen Demokratischen Staates auslaufen wird. Aber es ist schwacher Widerstand, den diese Sensibilisierung evoziert, zu schnell lässt sich das Messianische wieder ins Private abdrängen, aus dem es als Religiöses kaum je einen sicheren Fuß hinauszusetzen wagte. *»Gewiss«*, schreibt Glaser über den von ihm so eindringlich beschriebenen Messianismus, *»gestand«* ihn sich *»niemand ein, denn das Modell eines Kämpfers, dem wir uns anzugleichen versuchten – jede Partei hatte ihr Modell entwickelt, oft gar bildlich auf Werbemitteln – war ein von eisernen Gesetzmäßigkeiten beherrschter, schwärmerische Anwandlungen verachtender, kleinbürgerliche Gefühle ausmerzender Mensch.«* (Glaser, 63)

Religionskritik, Kritik der Metaphysik würde bedeuten, alle menschlichen Produktionen in den Dienst des Menschen zu stellen, des menschlichen Lebens. In dem Moment, in dem die Losung, *für die Revolution zu sterben, sich dem Kommunismus opfern* für rational gehalten werden kann, wäre das sichtbarste Zeichen für das Umschlagen, die Verkehrung erreicht. Aber das Kriterium, das die revolutionäre von der reaktionären, von der konterrevolutionären Tat unterscheiden helfen soll, kann nicht scharf bestimmt werden. Denn es gibt historische Bedingungen, die die gezogene Grenze destabilisieren. Etwa die Bedingungen der Folter, die eingesetzt wird, um das Versteck der Genossinnen zu erpressen. Dürfte ihr nicht niemand standhalten, nur standhalten wollen, wenn sie die körperliche Unversehrtheit, das Leben bedroht? Oder die Bedingungen des Partisanenkampfes. Wenn die faschistischen Machthaber die Bevölkerung ganzer Dörfer, die von Partisaninnen besucht wurden, um sich mit notwendigen Lebensmitteln und Medikamenten zu versorgen, als Geiseln nehmen und – zur Strafe, zur Abschreckung – ermorden lassen, müsste der antifaschistische Widerstand dann nicht sofort beendet werden? Das Mitleid der Revolutionäre hat seinen vorgesehenen Platz in der Strategie der Herrschenden, die nicht die Freiheit zu erobern haben, sondern ihre Herrschaft zu verlieren. Wenn die Gutmütigkeit der Guten eine feste Größe im Kalkül der Konterrevolutionäre ist, was bleibt da anderes, als erpressbar zu bleiben? Das ist etwas anderes, als sich erpressen zu lassen.

## Fünf. Versprechen

*»Außer den Taten der Menschen, die wirklich getan wurden, gibt es solche, die hätten getan werden können. Diese letzteren Taten sind ebenso abhängig von den Zeiten wie jene, die ersteren und es gibt von ihnen ebenso eine Geschichte, die ihre Zusammenhänge über viele Zeiten hinweg zeigt, wie von jenen.«* (Brecht, 516)

1927 – knapp 10 Jahre nach der Oktoberrevolution – resümiert Walter Benjamin seinen zweimonatigen Aufenthalt in der Stadt, in der es so viele Uhrmacher gibt wie in keiner anderen, obwohl *»die Leute nicht viel Aufhebens von der Zeit machen«* (Benjamin b, 71), in der *»stillsten von allen Großstädten«* (ebd., 98):

*»Moskau, wie es jetzt, im Augenblick sich darstellt, lässt schematisch verkürzt alle Möglichkeiten erkennen: vor allem die des Scheiterns und des Gelingens der Revolution.«* (ebd., 12)

Aber gibt es diesen Moment aller Möglichkeiten? Kann es diesen Moment, wie kurz er auch sei, geben, in dem sich alle Möglichkeiten versammeln – auf den Straßen Moskaus etwa –, darauf wartend, gewählt zu werden? Und wieviele (von allen) Möglichkeiten des Gelingens der Revolution sind im Januar 1927 noch zu erkennen, wieviele sind bis zur Unkenntlichkeit, zur Unmöglichkeit verkümmert? Noch sind Trotzki und Sinowjew nicht aus der Partei ausgeschlossen (November 1927), noch wird die Säuberung der Leningrader Partei (Januar/Februar 1926) von Sinowjew selbst befehligt. Noch werden die verfolgten Oppositionellen nicht erschossen, noch werden sie nur verhaftet und verbannt. *»Entfernung der Opposition aus den leitenden Stellen. Damit identisch: Enfernung zahlreicher Juden aus den mittleren Chargen«*, notiert Benjamin nüchtern (ebd.,

19). Und weiter: *»Man macht den Versuch, die Dynamik des revolutionären Vorgangs im Staatsleben abzustellen – man ist, ob man will oder nicht, in die Restauration eingetreten«* (ebd., 80).

Wieviele Möglichkeiten des Gelingens der Revolution lassen sich erkennen in einer Stadt, in der *»eines der sinnfälligsten Symptome für die durchdringende Politisierung des Lebens«* die *»allgemeine Vorsicht bei öffentlicher Meinungsäußerung«* (ebd., 106, 49) ist? Wieviele Möglichkeiten des Gelingens der Revolution eröffnen sich noch in einem Staat, dessen Magazine für die Vereinigung von Arbeiterinnen und Bäuerinnen mit *»Sichel und Hammer«* werben, die *»unsagbar widersinnig, aus sammetüberzogener Pappe nachgebildet«* sind (ebd., 40)? Welche Aussicht auf eine klassenlose Gesellschaft ergibt sich noch in einer Gesellschaft, die es, wie Benjamin direkt im zweiten Satz seines Tagebuchs bemerkt, zehn Jahre nach der Revolution – und auch, wie in den bis heute fahrenden Waggons zu sehen, bis zu ihrem Ende – nicht einmal in ihren Zügen fertig brachte, 1. und 2. Klasse abzuschaffen (ebd.,17)?

Aber wie weit in der nachrevolutionären Geschichte ist es nötig zurückzugehen, um den Punkt zu überschreiten, an dem die Möglichkeiten des Scheiterns der Revolution die Möglichkeiten ihres Gelingens zu überwiegen beginnen, jenen konterrevolutionären *»Punkt, der jede Umkehr unmöglich macht«* (MEW 8, 118)?

Den Faden aufnehmen, den roten, den schmutzig verfärbten, ihn entknoten und aufrollen, zurückverfolgen, in diesem vielfach verschlungenem Labyrinth, bis zu dem Punkt, an dem der Weg sich scheidet, deutlich und erstmals, in richtig und falsch, in Ausgang und Sackgasse; dort, wo der

Fehler begraben liegt, die Irrfahrt beginnt; den Weg zurückverfolgen bis zu dem Punkt, an dem sich hätte verhindern lassen können, dass es jemals soweit, dass die Geschichte soweit und das heißt genau: hierhin, zu uns kommt. – Das ist das Phantasma, eins von vielen, von dem dieser Text motiviert wird, seine Struktur gewinnt. Als gäbe es diesen Moment, in dem das vormals Ganze seinen ersten Sprung erhält, als gäbe es diesen Ursprung – und nicht tausend Sprünge, vielfach verletzend, ein jeder ein letzter, vom Standpunkt der zufällig in ihm Zerrissenen gesehen.

In der Geschichte, in dieser Geschichte der Russischen Revolution, ist es, so scheint es, immer schon zu spät, zu spät für Rettung. Und doch hätte selbst noch der Schlächter Stalin, noch nach Zerstörung der kommunistischen Partei, noch nach Zersetzung der Roten Armee, den Pakt mit Hitler nicht unterzeichnen müssen, hätte feierlich seine Neutralität verkünden, sich auf den kommenden Krieg vorbereiten können. 1914 hätten die Sozialdemokratinnen dem Internationalismus treu, 1918 die Arbeiterinnen mit der Sozialdemokratie brechen, 1933 mit ihr zusammenarbeiten müssen, wenn diese, Nachfolgerin Eberts, des Züchters von Noske, dem Bluthund, Führer der Freikorps, der späteren SA, gewollt hätte, was nicht der Fall war, weil diese damals schon totalitarismustheoretisch dachte, in der historisch siegreichen Formel *»Nazis = Kozis«* (Wirtz, 43). Schon der erste Dreischritt, in Sieben-Jahres-Stiefeln durch die Geschichte der deutsche Arbeiterinnenbewegung, endet in einem Dilemma: An wen richtet sich der besserwissende Ruf, wer soll die Warnung empfangen, die Weisung entgegennehmen, wenn dort niemand ist, der hören will? Und was, wenn? Wenn sie gehört hätten, wenn sie die Machtergreifung der Nazis, bereits nach dem ersten Weltkrieg mit einer gewissermaßen präventiven Revolution beendet, also verhindert hätten? Es hätte keinen Zweiten Weltkrieg, keinen Vernichtungskrieg, kein Auschwitz gegeben. Das bleibt. Aus antifaschistischer Perspektive ist die Lage eindeutig: Die antinazistische Frage hätte sich gar nicht erst gestellt. Aber die kommunistische, aber die Frage der Revolution selbst. Das Gesicht Russlands hätte sich verändert, nicht länger von Feinden umzingelt hätten sich seine Züge entspannt, im großen Umfang nötige Wirtschaftshilfe empfangend, hätte es die hässliche Fratze des Hungerherrschers abnehmen können. – *»Die Revolution könnte früher kommen als uns erwünscht. Nichts schlimmer, als wenn die Revolutionäre für Brot sorgen sollen«*, schrieb Marx 1852 an Engels (zit. n. Schritkopcher, 39). – Aber welche Maske hätte es stattdessen aufgesetzt? Die des unterentwickelten Kinds, das, im Bollerwagen sitzend, hinter dem neu-alten deutschen Vorreiter herzuckelt? Hätten die sozialistischen Deutschen 1918 noch mit der Gewohnheit, sich über andere, über alle anderen erheben zu wollen, brechen können? Oder wäre einer deutschen Revolution ein Russlandfeldzug mit anderen Mitteln gefolgt, die Ablösung der einen durch die andere Avantgarde?

*»Die Wissenschaft von der Geschichte ist die einzige Wissenschaft, die wir kennen«*, schreiben Marx und Engels 1846 (MEW 3, 18), und doch kennen sie nicht die Geschichte, die ihre Geschichte hätte sein sollen, die folgende Geschichte, die sich mit ihren Gedanken verbindet, später mit ihrem Namen, dann nur noch mit ihren Köpfen, riesig in Stein gehauen, Barrikaden gegen die Zukunft. Das Scheitern der vergangenen Kämpfe um die Zukunft hat Effekte nicht nur auf die Gegenwart, sondern auch auf das Verhältnis der Zeiten zueinander. Heute kann die Zukunft nicht mehr gefunden werden in den Momenten der Gegenwart, die über diese hinausweisen – es gibt keinen Kommunismus in

Latenz, keine neue Gesellschaft, die in der alten schon schläft –, sondern muss zuvor aus den Momenten der Vergangenheit gelöst werden, in denen sie stecken geblieben ist. Abgerissene Linien. In den Lücken des Zwangszusammenhangs der Geschichte sind es verschwindende Punkte, deren Vektoren in eine andere Richtung weisen.

Glaser berichtet in *Geheimnis und Gewalt* von einem Intellektuellen, der unter fundamental anderen historischen Bedingungen ähnliches versucht. Er ist organischer Intellektueller, insofern er halb verhungert in seiner Studierstube sitzt und von den Genossinnen miternährt wird, den Arbeiterinnen, in deren Haus er eine Unterkunft gefunden hat:

*»Er öffnete nicht vor vielen die zehn großen, ledernen Koffer, worin in steifen, mit säuberlichen Aufschriften versehenen Umschlägen verwahrt und geordnet die Sammlung aller Aufrufe, Flugschriften, Maueranschläge und Zeitungen der Arbeiterbewegung von ihren allerersten Anfängen bis in die neueste Zeit ruhte. Mit angehaltenem Atem, andächtig und feierlich wie vor aufgefundenen Briefschaften verschollener Ahnen, las ich die Schriften der Männer des Bundes der Gleichen, die sie geschrieben, bevor sie auf der Barrikade in Baden oder in Paris gefallen, im Namen einer finsteren Gerechtigkeit enthauptet worden, in einer Wildnis verschollen oder im Elend der Verbannung gestorben waren. Ich sah die Mitgliedskarten des Bundes der Kommunisten, auf denen in zwanzig Sprachen gedruckt stand: ›Alle Menschen sind Brüder‹. Wer war der Unbekannte gewesen, der die erschütternden Aufrufe der Kommune von Paris, von den ersten begeisterten Ausrufungen und zielsicheren Verordnungen bis zu den letzten, verzweifelten Beschwörungen, vor der Vernichtung gerettet hatte? Sie waren in ihren Verstecken vergilbt,*

*aber so, wie in den Mauern alter Konvente noch Schatten den Lebenden begegnen, so bewahrten sie den Lärm der Kämpfe, den Geruch des Pulvers und des Blutes und den Hauch des einen Traumes von der Freiheit und der Gerechtigkeit.«* (Glaser, 66)

Die Verlorenen, die ermordeten Genossinnen sind abwesend, in besonderer Weise, weil die Linien, die sie verfolgten, abgebrochen sind, weil sie wenig zu vererben hatten und kaum jemanden, der hätte erben wollen, der erben will. Im Gegensatz zu ihren siegreichen Feinden unterschiedlicher Parteien – denn sie hatten viele Feinde und viele siegreiche, manche (wie der Faschismus) mehr als andere – haben sie sich nicht materialisieren können in nachhaltig sichtbaren Spuren, haben sich nicht institutionalisieren können in Architekturen, Gesetzen, Gewohnheiten, Denkmustern, Sprechweisen. Nur, fast nur als Abwesende sind sie anwesend. Kurz: Sie fehlen. Und schmerzlich kann sich dieses Fehlen bewusst machen, wer ihm nachspürt, wer sich traut, das Unbehagen an dem Bestehenden in die Höhe zu treiben anhand der Frage, welches Erbe wir hätten antreten können, von wo aus wir hätten fortfahren können, hätten diese Kommunistinnen überlebt, etwas länger nur, etwas erfolgreicher. Die Vergangenheit wäre eine andere und mit ihr die Gegenwart, spürbar vielleicht, ein wenig, womöglich deutlich sogar.

*Wenn das Wörtchen wenn nicht wär'* – Das ist die Kapitulationserklärung vor der Wirklichkeit, deren Tristesse sich zu unterwerfen eben darum nichts anderes übrig bleibt, weil sie aller Möglichkeiten beraubt wurde. Daran ändert sich auch dann nichts, wenn der realistische Imperativ (»Gehorsam Sein«) gegenüber dem Bestehenden in der Absicht formuliert wird, dieses wirkungsvoll verändern zu können. Denn dann mag zwar bekannt sein, wie, aber nicht mehr warum noch wohin es zu ändern wäre. Letztlich entlarvt das Verbot, das Mögliche zu imaginieren, seine phantastische Prüderie in der Fortsetzung des hier nur halb zitierten deutschen Reims. Das Vorstellbare, das nicht vorgestellt werden darf, schafft es nicht mal in die Zukunft, kaum an die eigene Gegenwart reicht es heran. Monetäres Patriarchat, mehr ist nicht drin –, *wär' mein Vater Millionär.*

Aber die Möglichkeitsbedingungen der Möglichkeit selbst liegen nicht vor allem auf dem Terrain der Ideologie, sondern dem der Geschichte. Und sie sind, das ist die dieser Suche zugrunde liegende These, umso besser, je näher wir dem Ereignis der Revolution kommen, diesem *Versuch, das Unmögliche zu realisieren* (Guevara).

1922. Moskau.

*»Auf dem Platz war nur noch das Steinpflaster vorhanden; keine Bäume und keine Rasenflächen, man sah noch die Reste von den früheren Einzäunungen; die Bänke waren als Brennholz längst verfeuert, Bohrlöcher, in die eiserne Fußstangen einzementiert gewesen sind, waren noch offen – auch diese Eisenstäbe sind noch anderweitig gebraucht worden.*

*Auf diesen Platz kam [er] mit einem guten Dutzend Genossen, die ihm gleich in der Handelsabteilung beschäftigt waren. Sie saßen im Kreise auf dem Steinpflaster. Sie verzehrten dort ihre einzige Mahlzeit am Tage, die ihnen vom Amt geliefert wurde – eine Schale Hirsebrei, zu einer dicken Kruste zusammengebacken, von der man Stücke mit einem Messer abschlagen musste, und eine Scheibe Kunsthonig, nicht weniger hart; das war alles für den Tag. Es war nicht nur das gemeinsame Mittagsmahl, sondern zugleich auch die Feierstunde des Tages.*

*In dieser Arbeitspause konnte jeder sich voll seinen Träumen hingeben. Sie sprachen zueinander von dem neuen Russland, von dem machtvollen und großen Sowjetreich, das die Welt beherrschen wird. Wie seit je in den Jahrtausenden aufgeschriebener Geschichte vorher sind die Träume ungleich stärker als die Wirklichkeit.«* (Jung, 150)

Es ginge darum, an diesem Ort ein wenig länger zu verweilen, auf diesem mit Steinen eher bestreuten als gepflasterten Platz Moskaus, den Franz Jung vor Augen führt. Darum, hier Platz zu nehmen, in einer losen Runde, um diesen Platz wirken zu lassen und sorgfältig seine Wirkungen zu registrieren. Das Pendel der Gefühle, das in verschiedene Richtungen ausschlägt, sehnsüchtige Euphorie und gerechte Empörung, ist der Maßstab, an dem sich die Distanz, der historische Abstand ermessen lässt, der zwischen der beschriebenen Szene und ihrer wiederholten Begehung liegt. Darin spiegeln sich die seitdem geführten Kämpfe, die siegreich geführten Auseinandersetzungen mit der Orthodoxie, ebenso wie die Niederlagen gegenüber der bürgerlichen Ordnung, in schnellen Wechseln stehen Traditionen auf, die näher sind und dennoch kaum präsent, der Ort wird uns bewusst, von dem aus wir hierher gekommen sind, nach Moskau – der westliche Marxismus, der antiautoritäre Protest, der Feminismus, die perverse Trauerpolitik (vgl. Maak/Klingenberg). Zu schnell, zu einfach – obwohl notwendig – anhand eines heutigen kommunistischen Forderungskatalogs schlechte Noten in Sachen (sexistischer, rassistischer, antisemitischer) Ideologie zu verteilen. Worum es ginge, wäre etwas von dem zu bergen, was unter anderen Kräfteverhältnissen wünschbar war, jetzt mehrfach verschlossen ist. Etwas von dem aufzufangen, was von dieser Explosion der Revolution in die Geschichte geschleudert wurde und mit ungeheurer Schubkraft etwa jenes Manifest der *»Biokosmisten«* ermöglichte, das 1922 das *»Recht auf Sein (Unsterblichkeit, Auferweckung, Verjüngung) und auf die Bewegungsfreiheit im kosmischen Raum«* (zit. n. Groys, 14) forderte, weil – wie bereits Fedorov argumentierte (ebd., 10) –, nur die Auferweckung der kommunistischen Toten die Ausbeutung der Vergangenheit durch die Zukunft aufzuheben vermag, die darin besteht, dass jene, die ihr Leben lang für den Kommunismus gekämpft haben, selbst nicht mehr in seinen Genuss kommen.

Es ist eine lange Strecke, die wir im Schnelldurchlauf beschreiten, länger noch als die von Franz Jung zurückgelegte, Delegierter der KAPD, der mit Lenin über die Aufnahme in die Internationale verhandeln soll und sich als blinder Passagier in einer Truhe unter Deck auf einem kurz darauf gekaperten Schiff nach Russland schmuggelt, tagelange Fahrt im Zug auf zerbombten Strecken, der letzte Angriffskrieg Englands ist noch zu spüren. Als wir uns setzen, ist die Sonne, die eben noch brannte, bereits untergegangen. Der Platz liegt im Dunkeln und nur langsam, schemenhaft, stehen die Silhouetten der Menschen wieder auf, die hier diskutierten und – nicht zu vergessen – aßen. Die Toten zum Sprechen bringen, darum ginge es, vorsichtig und ohne den Trick der Jahrmarktbudenbesitzerinnen, der Geisterbeschwörer, ihnen unsere eigenen Worte in den Mund zu legen. Ihre Träume hörbar zu machen auch dort, wo sie niemand hören will, auch dann noch, wenn sie längst ausgeträumt sind, als erfüllte und als unerfüllte – und in einer seltsamen Mischung von beidem. Träume aber, die, wie es hier in Übereinstimmung mit einer Jahrtausende alten Tradition heißt, *seit Jahrtausenden ungleich stärker* sind *als die Wirklichkeit*. Und zwar deshalb, weil sie, die aus der Wirklichkeit stammen, diese letztendlich ersetzen können, indem sie sich verwirklichen. Wenn wir unsere Hand ausstrecken, können wir die Träume einfangen, die noch immer über dem Staub schweben, unbemerkt von den Passantinnen, den wenigen Touristinnen, die im Jahre 2008 über das Pflaster hasten.

*»Ich hörte in dem Kreise [...] zum ersten Mal von den damals noch phantastisch anmutenden Plänen zur Aufschließung und Besiedelung der menschenleeren Steppen zwischen Ural und Baikal-See und zur mongolisch-chinesischen Grenze hin. Im Mittelpunkt aller Diskussionen um die Einzelheiten der Durchführung stand der Mensch: nicht als das Wesen, das einen Gott erfunden hat, das diesen Gott als Gesellschaftsbildung benutzt und sich diesem Gott ähnlich nachzubilden bemüht ist, sondern der Mensch als Material, als Baustein, als Ziffer, als Einsatz in der Mechanik der Existenz. Es ist zwar immer der einzelne, der träumt, aber die Endwirkung und das Ziel löscht bereits den Einzelbegriff aus.*

*[...] Wozu also Freiheit und Brüderlichkeit, Wohlstand für alle und ähnliche Phrasen ... Probleme, die besser nach landwirtschaftlichen Problemen zu lösen sind, Dünger Bewässerung, Bodenchemie, Luft und Sonne. [...]*

*Würde dieses sowjetische Wirtschaftszentrum, das Europa ersetzen soll, mit den Mitteln des Kapitalumlaufs aufgebaut werden – unter ähnlichen Vorraussetzungen ist drei Jahrhunderte zuvor der nordamerikanische Kontinent aufgebaut worden, verbunden mit dem Import von Sklaven und vom Gesetz Ausgestoßener –, so würden alle Kapitalkräfte der Welt heute nicht mehr ausreichen. Der Mensch in der neuen Bewusstseinsordnung ist geeigneter. [...]*

*Darüber haben wir diskutiert, zehn Jahre vor der Bauerndeportation aus der Ukraine, zwanzig Jahre vor der chinesischen Revolution. Es war ein Abstecken von Perspektiven je nachdem, wie weit sie nur geahnt oder schon verstanden werden konnten. Gebaut aus den Gedankengängen von Charles Fourier, aus denen damals Lenin für uns die Richtlinie vorgezeichnet hatte: die große Initiative; für das gegenwärtige China ausgedrückt: die Sprünge nach vorn.*

*Darüber haben wir diskutiert. Stechende Sonne über dem Platz, kein Baum, kein Strauch, nicht die geringste Spur von Grün. Nur wenige Leute gingen über den Platz, eigentlich überhaupt keine. Überall saßen die Gruppen auf dem Steinpflaster, die Angestellten der Regierungsämter, die ihr Mittagsmahl verzehrten – die Elite des sich bildenden Sowjetapparates, demobilisierte Rotarmisten, frühere Studenten und Arbeiter und Bauern, die schon in den weißen und roten Kriegsjahren für einen politisch-administrativen Beruf geschult worden waren.*

*Keine Volksredner, keine fanatischen Eiferer. Träumer in eine ferne Zukunft, eine Zukunft, die mit jedem Arbeitstage, mit jedem Sonnentage und dem Hunger, der sie einhüllt und trägt, der Verwirklichung ein wenig näher gebracht wird. Die Sonne brannte entsetzlich auf diesem Platz.«* (Jung, 154)

Ein solcher Aufbruch wäre nicht einmal mehr mit Sklaven möglich, erinnert Jung die Diskussionen beinahe ein halbes Jahrhundert zuvor. Es werden Sklaven sein, Zwangsarbeiterinnen, die dieses (und andere) Wunder vollbringen. Und sie werden eingespannt sein in das gewaltige Projekt einer nachholenden Kapitalisierung einer riesigen staatlichen Maschinerie, die längst begonnen haben wird mit oder ohne Neue Ökonomische Politik sich mit anderen Momenten kapitalistischer Produktion, unverändert monetärer Zirkulation zu verbinden. Eine staatliche Maschinerie, der die Zwangsarbeit eine rationalen ökonomischen Erwägungen folgende Notwendigkeit geworden sein wird, von der her die verschiedenen Geheimdienste und politischen Polizeien in eine Konkurrenz um die höheren Verhaftungsquoten gebracht werden (vgl. Armanski, 153). Jung wird es wissen, 1960, als er seine Erinnerung schreibt. Aber er verzichtet darauf, sich aus der Zukunft zu kommentieren, lässt die Originalstimmen aus dem literarischen Grammophon kratzen. Vielleicht aus Misstrauen gegenüber dem Fortschritt der Erkenntnis erlaubt er es sich nicht, besserwisserisch einzugreifen, sich über den Mund, über seine Träume zu fahren, die zu träumen er damals in der Lage war, später nicht mehr in der Lage sein wird. Dennoch vermag er es nicht, die alten Stimmen zum Leben zu erwecken; die, die er spricht, spricht der Autobiograph, der sich selbst spielende Schauspieler also, mit belegter Stimme. *»Ich hatte diese ungeheure Kraft erlebt«*, schreibt Jung (Jung, 256), aber er kann es nicht mehr vermitteln, mit der tonlosen Intonation des Resignierten gesprochen fällt es schwer, ihm zu glauben, dass er zu hoffen jemals in der Lage war (anders als Glaser). Und dennoch arbeitet er daran, mühsam, angestrengt, als könne nur ein möglichst nüchterner, begeisterungsloser Stil jene *Träumer in eine ferne Zukunft* porträtieren, die weniger Traumtänzer als Traumarbeiter, Arbeiter eines sozialistischen Traumes sind. Alle Ornamente sind von der schnörkellosen Kulisse dieses Traumes zu entfernen, kaum Passantinnen gibt es, flanierende Spaziergänger, *eigentlich überhaupt keine,* und vor allem *nicht die geringste Spur von Grün.* Keine verbildlichte Stimmung, keine atmosphärische Metapher einer frühlingshaft sprießenden Hoffnung. Nur in der Hitze und vor Anstrengung schwitzende menschliche Räder einer ziemlich fordistischen Wunschmaschine.

Von der Geschichte her kommend, rückwärts gehend, können wir ein gespenstisches Gespräch mit den Toten zu führen versuchen. Uns langsam vortasten an die Momente der Hoffnung, die ohne Lüge nur durch die Geschichte hindurch, nicht an ihr vorbei zu bergen sind. Deswegen dieser Aufbau, der am Ende seinen Anfang nimmt. Deswegen dieses Verfahren einer antihistorischen Historiographie, die nicht antihistoristisch ist, nicht gegen einen bestimmten Begriff der Historie gerichtet, sondern gegen die Geschichte selbst. Die nicht wie die Genealogie im Rekurs auf die Vergangenheit die Gegenwart verständlich machen will, sondern deren unerfüllte Zukunft, eine mögliche Gegenwart, die nie gegenwärtig werden konnte. Nicht der gegenwärtigen Wirklichkeit ihren Naturpanzer zu entwenden, nicht das Geronnene als aus dem Fluss der Geschichte Rinnende, die Tatsachen als Tat-Sachen, Sachen der Tat zu entlarven ist ihre Aufgabe. Sondern den Staub der Geschichte aufzuwirbeln, in dem wie im Trickfilm die Gespenster einer möglichen Zukunft sichtbar werden.

Deswegen ihr tastendes Verfahren, deswegen die Erweiterung der Historiographie um fiktionale Graphiken, konjunktive Werkzeuge, deren Verwendung sich genau daran messen lassen muss, inwiefern es ihr gelingt, ihre historisch unpassenden Folien passgenau über das gemachte geschichtliche Bild zu legen. Eine unmögliche Möglichkeit, ein irrealisiertes Potential will sie als realistisch erscheinen lassen, um es – vielleicht – zu realisieren. Aber wenn sie so *vorträumt*, traumwandelt sie doch nicht, und auch wenn sie zuweilen traumtänzelt, verliert sie sich doch nicht in himmlischen Wolken, sucht nicht nach dem unbeschädigten Ursprung, von dem aus die Geschichte aus ihren Angeln zu heben wäre. So wie ihr die Wirklichkeit gespenstisch ist, dicht bevölkert von abwesend anwesenden Gespenstern verdrängter Möglichkeiten, so sind ihr auch die Gespenster wirklich, aus der Wirklichkeit stammend, in ihr wirksam, beladen mit allerlei Flüchen. Da besteht keinerlei Anlass für rückblickende Vorfreude.

So in den langsam sich abzeichnenden Umrissen dieser Moskauer Gespenster. In ihren undeutlichen Gestalten schimmert schimmlig im Traum vom Neuen Menschen, dem Menschen als Material, in der materialistischen Entzauberung des aufklärerischen Himmels, bereits die Entwertung zur reinen Arbeitskraft, die die postkapitalistische Gesellschaft wiederholt, Reduktion der Kommunistinnen auf Material, der Arbeiterinnen auf Maschinen. Die Entsakralisierung einer gewissen unantastbaren menschlichen Würde, die die bürgerliche Ideologie dem Menschen anzaubert, um ihn über seinen entwürdigenden Alltag hinwegzutrösten, verzichtet mit der Lüge gleich auch auf den in ihr steckenden Anspruch. Ein Traum also, dessen Wiederbelebung von seiner Erfüllung verstellt ist. Lässt sich dem Blick vergangener Kommunistinnen in eine Zukunft folgen, die heute bereits Vergangenheit ist, mehrfache zumal am Maßstab ihres Vergessens gemessen? In eine Zukunft, die die Kraft hätte, gehabt hätte, sich loszusagen von der Wiederholung des Immergleichen, von der Gegenwart der stets selben siegreichen Vergangenheit.

*»Immer hatte die Macht die Massen erobert, eben weil sie die Macht war. Und die Massen riefen ›hurra‹ und ›es lebe‹, sie sangen, brüllten, töteten und ließen sich töten und versanken in die Namenlosigkeit. Das war alt wie der Tod. Wenn die Massen die Macht eroberten und behielten – endlich einmal –, würde die Macht ihr Wesen und ihren Namen verlieren, die Massen ihre Namenlosigkeit, ihre Unmenschlichkeit.«* (Sperber, 423)

Wenn – endlich! Aber das Denken des Wunsches ist eben kein Wunschdenken, da die Wirklichkeit selbst aus den Wünschen zehrt. Das Versprechen hält an, weil es uneingelöst ist. Deswegen lässt es sich sammeln und einspeisen in ein Begehren, das der Versuchung einer realistischen Kapitulation widerstehen könnte. Kommunistische Begierde, die durch keinen vorauseilenden Gehorsam gegenüber einer gewissen Wirklichkeit sich mehr wird mäßigen lassen.

Die Trümmer der Geschichte verstellen den Blick auf den Traum von ihr und dennoch nicht gänzlich, es gibt Scharten, in denen der Traum der möglich gewesenen, unmöglich gemachten Zukunft aufblitzt; überall dort, wo die vergangene Zukunft nicht mit der Vergangenheit, wo das frühere Bild der kommenden Geschichte sich nicht mit dem späteren Bild der gekommenen Geschichte deckt. Unbeholfen, beschädigt, schamvoll, lugt er hervor, am liebsten würde er sich verstecken hinter den späteren Geschehnissen, für die er – mit Recht – sich schuldig fühlt. Und dennoch: Es gibt diese Splitter – mit rissigen, mit dreckigen, nicht glatten, nicht sauberen Kanten, Splitter einer vergangenen Kraft, die nicht von der Geschichte begraben wurden. Nachrichten lassen sich schreiben mit ihnen, Erinnerungen einritzen in die Haut, abwaschbare, häufig zu erneuernde Tätowierungen – am besten nicht hinter die Ohren, denn dort kann sie niemand lesen.

Wenn wir also mit den Gespenstern dieses Moskauer Platzes, vielleicht schon lange begraben unter neuem Asphalt, den Blick in eine vergangene Zukunft richten, dann sehen wir keine Geschichte, keine Vergangenheit, auch nicht die zukünftige Vergangenheit einer gewissen Gegenwart, sondern selbst Zukunft. Allerdings – und das ist entscheidend – keine reine Zukunft, nicht das unbeschadete Bild einer sauberen Welt. Sondern das Bild einer millionenfach überlagerten, von Bildern der Vergangenheit bedrohlich umstellten, zukünftigen Welt. Diese Bilder, diese alten Landkarten einer möglichen Zukunft sind viele und es werden immer mehr. Teilweise sehen sie der gesuchten, dem gesuchten Land selbst, zum Verwechseln ähnlich. Und das wäre der Trick: Nur mit den falschen Karten lässt sich der richtige Weg finden.

Aber es gibt keinen Trick, keinen metaphysischen Griff, der die vergangenen Niederlagen in Wegweiser eines zukünftigen Sieges umzubiegen vermöge. Kein Narrativ des Fortschritts, das einen irrealen Traum aus der gewaltvollen Umklammerung seiner Geschichte lösen könnte, in der er zum Albtraum wurde. Die im stalinistischen Terror gestorben sind, sind umsonst gestorben. Allen Hoffnungen auf eine materialistische Aufhebung erteilt Franz Jung eine nüchterne Absage:

*»Die Arbeiterbewegung [folgt] statischen Gesetzen, die Karl Marx präziser als in seinen sonstigen Analysen mit den Worten charakterisiert hat: Die Arbeiterbewegung kann nur aus ihren Niederlagen lernen – Grund genug für die nachfolgenden Parteitheoretiker, zuerst und fast ausschließlich auf die Niederlage zu warten.«* (Jung, 120)

Zumindest diesbezüglich haben die nachfolgenden und nachgefolgten Theoretikerinnen einer parteilosen Parteilichkeit (vgl. Karschnia, 296ff) ihren Vorgängerinnen etwas voraus; auf Niederlagen brauchen sie nicht mehr zu warten – davon gibt es bereits genug. Aber wer von ihnen wollte diese Niederlagen heute noch zu seinen eigenen machen, wer sollte sich in eine Tradition stellen, mit der jede Linke mit Verstand doch schon immer gebrochen haben will? Wer wäre bereit, sich heute noch in diese Geschichte hineinzuschreiben, aus der sich die ehemaligen Stalinistinnen und Neuen Philosophen mit »Personenkult« und »Schwarzbuch« so verzweifelt wie zweifelhaft herauszuschreiben versuchten?[15] Wer ließe sich überreden, ein Erbe anzunehmen, das vor allem aus Schulden, aus Schuld besteht? Wer also sollte, heute noch, aus der Niederlage der russischen Revolution lernen. Und aus welcher?

*»Bis Mitte der 70er Jahre war die ›russische Frage‹ mit all ihren Konsequenzen das unausweichliche ›Paradigma‹ der politischen Perspektiven der Linken, in Europa und in den USA, und nur 15 Jahre später nimmt sie sich aus wie älteste Vorgeschichte. Damals schien das minutiöse Studium jedes einzelnen Monats der Geschichte der russischen Revolution und der Komintern von 1917 bis 1928 der Schlüssel zum Universum als Ganzem zu sein. Wenn jemand die Niederlage der russischen Revolution 1919, 1921, 1923, 1927 oder 1936 oder [gar] 1953 ansetzte, hatte man eine ziemlich gute Vorstellung davon, was er über so ungefähr jede andere politische Frage auf der Welt dachte: das Wesen der Sowjetunion, China, das Wesen der KPen auf der Welt, das Wesen der Sozialdemokratie, das Wesen der Gewerkschaften, die Einheitsfront, die Volksfront, nationale Befreiungsbewegungen, Ästhetik und Philosophie, das Verhältnis von Partei und Klasse, die Bedeutung der Sowjets und der Arbeiterräte, und ob hinsichtlich des Imperialismus Luxemburg oder Bucharin recht hatte.«* (Goldner, 10)

Das ist die Spur, der dieser Text folgt, Niederlage um Niederlage, Ende auf Ende der russischen Revolution. Ende ohne Ende. Aber es ist eine abgebrochene Spur, die er aufzunehmen versucht. *Nicht länger Geschichte, sondern Vor-*

15 »Im Allgemeinen ist man umso mehr im Recht, wenn man sein Leben damit verbracht hat, sich zu täuschen, denn dann kann man immer sagen: ›ich bin da durchgegangen‹. Deshalb können nur die Stalinisten antistalinistische *Lektionen* erteilen« (Deleuze, 87; vgl. Schmid, 28).

*geschichte*, schreibt Goldner. Als wäre die Gegenwart des Endes der Geschichte von der Vergangenheit der kommunistischen Geschichte ebenso weit entfernt wie beide zusammen von der kommunistischen Zukunft, dem Ende der Vorgeschichte. Welche zeitliche Entfernung. Mehr als eine zeitliche Entfernung in einer aus den alten Fugen geratenen Zeit. Heute ist es nicht mehr nur die Revolution, die verloren gegangen ist, sondern, noch davor, ihre Niederlage. Verlust des Verlusts. Was ließe sich aus einer solchen Niederlage noch lernen? Und vor allem wie? Wie ließe sich lernen aus einer Niederlage, die nicht mehr erlitten wird? Wie ließe sie sich betrauern? Diese Fragen öffnen sich zu weiteren Fragen, fundamentaleren Fragen. Wenn sich die Geschichte der Revolution nur schreiben lässt als oder durch die Geschichte ihrer Niederlage, wie ließe sich diese Geschichte dann schreiben, wenn ihr – schrecklicher Verdacht – kein Sieg vorherginge? Wenn die Geschichte ihres Endes tatsächlich die eines Endes ohne Ende wäre, eines Endes ohne Anfang, eines Abschieds ohne Ankunft?

Um einen Verlust lässt sich trauern nur durch die Erinnerung an das, was verloren ging. Das, was war, was stattfand. *»Die Erinnerung an etwas, das nicht stattfand, ist aber eine unmögliche Erinnerung«* (Loick a, 60). Wie lässt sich also trauern um etwas, das sich nicht erinnern lässt, um etwas, das nie war? Wenn nicht durch einen Traum davon, was wahr hätte werden können. Trauer und Traum, von denen sich die erste nicht ohne den zweiten einstellt, der zweite nicht, nicht mehr, ohne die erste. Denn die Möglichkeit stellt sich dem Wirklichen nicht einfach idealistisch entgegen, sondern hat ihre Bedingungen selbst in den geschichtlichen Kämpfen. Deswegen die Notwendigkeit des Rückgangs auf historische Phasen, in denen die Bedingungen der Möglichkeit bessere waren.

Aber es gibt heute keinen Traum einer anderen Welt, sei es den eines utopischen Bildes oder den eines atopischen Bilderverbots, der nicht von den Albträumen der Zwischenwelt, der Übergangsphase verstellt wäre. Ohne den Gang durch die Geschichte der revolutionären Versuche wird es keine revolutionäre Versuchung mehr geben. Trauer, Traum und Trauma, von denen das dritte sich um den zweiten schließt und nur durch die erste jemals sich wieder zu öffnen erweicht werden könnte. Auf der Möglichkeit kommunistischer Begierde lastet nicht nur das Ende der Geschichte, sondern vor allem das Ende der Revolution. Nicht nur 1989, sondern auch, mehr noch, 1939, 1938 und folgende bis 1924, bis 1917.

## Sechs. Revolution

*»Wir hatten geübt und gelehrt, die Umstände unseres Daseins zu hassen; die Bedürfnislosigkeit war unser größter Feind.«* (Glaser, 160)

1924, präzise am 27. Januar, wird der Sarg der russischen Revolution zu Grabe getragen. Auf den Schultern von Stalin und – noch – Sinowjew, die beide an vorderster Stelle diesen gewaltigen Trauermarsch anführen. Zu Grabe getragen, aber nicht begraben wird er, sondern aufgebahrt aufbewahrt, in einem bei minus 30 Grad eilig errichteten Palast, einer grauen Holzhütte, im Zentrum vom Roten Platz. Im Inneren des Sarges befindet sich, mühsam gegen die Witterung geschützt und von tausenden Kommunistinnen begleitet, als wäre es der Leichnam der Revolution selbst, der Leichnam des großen Revolutionärs, dessen Name in Großbuchstaben auf diesem ersten, diesem provisorischen Mausoleum angeschlagen ist, LENIN. Unsterbliches Opfer eines mehr oder weniger natürlichen Todes, dessen noch sterblicher Körper bereits die ersten Verwesungserscheinungen trägt. Die Farbe der Haut geht ins Graubraun über, der gesamte Leib ist mit pergamentfarbenen Totenflecken übersät, und die Lippen haben sich bereits um einen Millimeter geöffnet (Zbarski, 7).

Dabei war bereits Ende Oktober 1923, noch vor Lenins Tod, auf einer Geheimsitzung des Politbüros der Vorschlag Stalins angenommen worden, Lenins Leiche zu konservieren. Trotzki hatte noch opponiert: *»Wenn ich den Genossen Stalin recht verstanden habe, schlägt er vor, die Reliquien des hl. Sergius von Radonesch und des hl. Seraphim von Sarow durch die Reliquien von Waldimir Iljitisch zu ersetzen«* (Zbarski, 4). Auch Bucharin meinte, in der Einbalsamierung einen *»merk-*

*würdigen Beigeschmack von Pfaffentum«* (ebd.) zu entdecken, den Lenin selbst angeprangert hätte und macht stattdessen den Vorschlag, das Andenken Lenins zu ehren, indem seine Schriften in millionenfacher Ausführung nachgedruckt werden und die Hauptstadt der Revolution Petrograd in Leningrad umgetauft wird. Alle diese Vorschläge werden angenommen werden, sogar Leninberge wird es geben (Benjamin b, 160) und einen alljährlich wiederkehrenden Todestag, an dem alle Vergnügungslokale geschlossen bleiben müssen (ebd., 142). Aber im Mittelpunkt dieser Erinnerungskultur, die eher eine Vergegenwärtigungs-, eine Enthistorisierungskultur oder in ihren eigenen Worten eine Kultur *»zur Verewigung des Andenkens Lenins«* ist, steht unübersehbar das Mausoleum. Das *»ganz missglückte Leninmausoleum«*, wie Walter Benjamin es nennt, als er drei Jahre später noch das hölzerne Gebäude zu Gesicht bekommt, bevor das der Alterung ausgesetzte Material durch Granit, schwarzen und roten, ersetzt wird. Als hätte ein Mausoleum zur Mumifizierung eines kommunistischen Revolutionärs glücken können. Wenn es nur nicht, mag Benjamin gedacht haben, durch einen aus Säulen bestehenden Portikus *gekrönt* worden wäre, wenn es nur nicht die Form einer sechsstufigen *Pyramide* erhalten hätte. Wenn nur nicht das grobschlächtige Gipsstandbild eines Arbeiters zum Andenken der Kämpfer der Oktoberrevolution abgerissen worden wäre, weil das Bauwerk zum Andenken des Führers der Oktoberrevolution die *Symmetrie* des Roten Platzes störte. In diesem Panorama, gerahmt von den altehrwürdigen Kremlbauten des Zarismus, scheint sich alle Architektur zur Allegorie verdichtet zu haben. Dagegen verblassen die in eisiger Kälte nicht länger flatternden Fahnen. Dagegen ergrauen die gekreuzten Hämmer und Sicheln auf roten Grund. Sie werden nie etwas zu bezeichnen begonnen haben in einem Arbeiter- und Bauern-Staat, der nie Staat der Arbeiterinnen, erst recht nie

Staat der Bäuerinnen, sondern immer nur Staat gewesen sein wird. Das Leninmausoleum, das ist, ohne alle Alternative, *das* Sinnbild der russischen Revolution.

Und was für ein Bild. Lenin, auf dem Rücken ruhend, die Augen geschlossen, die Hände unchristlich an die Hüften gelegt. Unwillkürlich geht die Besucherin auf Fußspitzen, um den Schlafenden nicht zu wecken. Lenin, in Gehrock und Hose, deren mattes Khaki an seine militärischen Tage erinnert und wunderbar harmoniert mit der überschminkten Farbe seiner Haut, deren Gelbstich an den beißenden Verwesungsgeruch erinnert, den er in seinen ersten Totentagen verbreitete. Unter der auf dem Rücken mit Schnüren zusammengebundenen Uniform ist der Revolutionsführer mit Gummibinden umwickelt, die mit Balsam bespritzt die Leiche feucht halten sollen. Die Augen sind, um ihr Einfallen zu verhindern, durch Prothesen ersetzt, die Lider festgenäht, die Lippen mit unter dem Schnurrbart versteckten Knopfnähten verschlossen. Erstmalig in der Geschichte nicht unter mumifizierenden Bandagen versteckt, sondern sichtbar im offenen Sarkophag. Durch ein alle 18 Monate wiederholtes Baderitual in 240 Liter Glyzerin, 110 Kilogramm Kaliumazetat, 150 Liter Wasser und 1 bis 2 Prozent Chlorchinin konserviert (Zbarski, 29) – für die irdische Ewigkeit. Der Anblick dieser lebenden Leiche versetzt selbst Nadeshda Krupskaja, Lenins Witwe, die sich immer gegen die *»äußerliche Anbetung der Persönlichkeit von Wladimir Iljitsch«*, gegen das Errichten von *»Denkmälern und Palästen in seinem Namen«* gewandt hatte, in Staunen. Während sie zunehmend altere, genieße Lenin ewige Jugend (ebd., 5, 36).

Um sich seines Erbes zu bemächtigen, um es alleinig fortzuführen oder endgültig von jeder Fortführung abzuschneiden, ist es notwendig zu wissen, wo der Tote begraben liegt, lehrt der Hantologe, der Geisterlehrer Derrida. Um ihn vor unkontrollierter Wiederkehr, veränderter Vervielfältigung zu bewahren, um seines Geistes habhaft zu werden, ihn in geistiges Eigentum zu verwandeln, muss der exakte Ort bekannt sein, an dem der Verstorbene identifiziert, sein unwillkommenes Gespenst exorziert werden kann. Ohne allen Zweifel, ob sich Grabräuber der Überreste bemächtigt haben, ob sie von Würmern zerfressen, schon lange vermodert sind, ist dieser Ort im Falle Lenins bekannt. Auf 55° 45' 13" nördlicher Breite 37° 37' 11" östlicher Länge liegt er, für alle Welt sichtbar, von aller Welt, Wissenschaftlerinnen, Pilgerinnen, Touristinnen gesehen. Mit nur einer Unterbrechung, 1941–45, als das Näherrücken der Deutschen Wehrmacht die gepanzerte Überführung nach Tjumen, Westsibirien, nötig machte, liegt er dort, seit seinem Tod, bis heute. Aber Lenin ist, auch wenn er unbeweglich, in fahles Licht getaucht, nicht gerade quicklebendig, putzmunter, sondern eher schläfrig, ruhig schlafend wirkt, nicht tot, sondern untot. Lenin, der Untote. Weder anwesend noch abwesend, weder tot noch lebendig und weder Körper noch Geist. Denn obwohl sorgsam getrennt in eine zu bestaunende Hülle und ein im extra dafür gegründeten Institut auf seine Genialität hin zu erforschendes Gehirn (Hagemeister, 36), ist es mit Sicherheit kein bloßer Körper, kein materielles, lebloses Ding, das dort im Mausoleum haust.

*»Als ich in meiner Eigenschaft als Assistent von Professor Worobjow und meinem Vater im Januar 1934 zum erstenmal das Mausoleum betrat«*, berichtet Ilja Zbarski, der gleich seinem Vater sein Leben damit verbringen wird, dasjenige Lenins künstlich zu verlängern, *»war ich überwältigt von der Feierlichkeit des Ortes. In der Mitte eines in*

*Halbdunkel getauchten Raumes erblickte ich Lenins Katafalk. Die imposante Bronzearbeit bestand aus einem Unterteil, das mit gegossenen Standarten geschmückt war, und einer konisch geformten Haube. Im Inneren des Behältnisses konvergierten dünne Bündel weißlichen Lichts auf dem Gesicht und den Händen des Toten. Als wir uns um den Sarkophag aufstellten, hörte ich das Geräusch eines elektrischen Aufzugs. Langsam hob sich die Glashaube, die an den vier Ecken des Katafalks auf einer kolbenartigen Vorrichtung lagerte«* (Zbarski, 28).

Ohne allen Zweifel eine überwältigende sinnliche Erfahrung, aber nicht nur sinnlich, sondern auch, wer sollte das nicht spüren, übersinnlich. Und dennoch irrt der Partriarch der russisch-orthodoxen Kirche Alexis II, wenn er 1993 erklärt, dass die *»bösartige Seele [Lenins] weiterhin«* über Russland zu *»schweben«* fortfahre, so lange Lenin nicht begraben werde (Zbarski, 46 ff). Zu dieser Zeit wird das Mausoleumslaboratorium längst begonnen haben, die Leichen russischer Mafiabosse, die mit Denkmälern in Adidastrainingsanzügen erinnert werden, zu konservieren, *»nicht mehr die politischen Führer einzubalsamieren, sondern die Herren der Ökonomie«* (ebd., 51). Der Geistliche, der Geisterjäger Alexis II irrt, denn es spukt nicht, dieses Leninsche Gespenst. Es hat nicht unvorhersehbar, unerwartet wiederzukehren, sich unberechenbar zu vervielfältigen begonnen. Es ist nicht, wie der Hantologe Derrida das Gespenst als nicht definierbares definiert, das *»mehr als eins«* (Derrida, 17). Im Gegenteil, nicht irreduzibel, sondern präzise reduziert, weil kanonisiert, ist das Gespenst Lenins das genau Eine, der Geist – des Leninismus. Ein gespenstisches Identisches. Leninismus, das ist selbst ein stalinistischer, ein von Stalin erfundener Term, Leninismus, das ist der Stalinismus selbst. Die Domestizierung des per definitionem Nicht-domestizierbaren ist diesen Materialistinnen gelungen. Die Geister, die sie riefen, hören auf die ihnen gegebenen Namen, und selbst dort, wo sie sich im Dienst einer Rebellion, als anderer, authentischer, aufständischer Lenin zu artikulieren wagen, werden die Herren des Mausoleums sie auch wieder los. Wenn nötig mit Hilfe der Roten Armee. Ein Gespenst also, *ein* Geist des Leninismus, aber ein Gespenst, das nicht umgeht, sondern zum Kommen und Gehen aufgerufen wird, von den Führern der Partei, die, auf der Tribüne des Mausoleums stehend, den vorbeiziehenden Trauer- und Freudenmärschen zuwinken. Als bezögen sie, Wächter der Zwischenwelt, von dort ihre Autorität, ihre Legitimation als einzig legitime Erben.

Von hier aus (aus dieser Gruft kriechend), wird eine spezifische staatliche Trauerpolitik ihren Ausgang nehmen, in der sich verschiedene kulturelle und politische Traditionen der Trauer verdichten und transformieren. Eine spezifische Trauerpolitik, die bestimmt, um wen getrauert werden muss und um wen nicht getrauert werden kann. Eine Erinnerungspolitik, die Erinnerungen tilgt wie Namen aus Büchern, Gesichter aus Bildern. Eine Trauerpolitik, die ein Leben nach dem Tod also ebenso geben kann wie ein Leben vor dem Tod nehmen. Sie findet ihren Abschluss im bombastischen Begräbnis Stalins 1953 und erlebt einen vorläufigen Höhepunkt in der von Fackeln und Fahnen, scharlachroten Samtvorhängen und Palmen gesäumten Trauerfeier zum Tode Kirows. Mit einem dramatischen Kuss auf die Stirn seines ehemaligen Genossen wird Stalin bei ausnahmslos allen Anwesenden einen Tränenausbruch auslösen, um dann, in die einsetzenden Stille, dem Toten ins Ohr zu raunen: *»Ade, lieber Freund, wir werden deinen Tod rächen«* (Montefiore, 177 f) – und der Terror beginnt. In der Indienstnahme der Trauer, in der Trauerbeherrschung konstituiert sich unter der Führung eines *»Trauerspezialisten«* (Montefiore, 180) der Stalinsche Staat. Ein Staat der Trauer.

*»Eine weitere Episode sollte die Praktiken der Sowjetmacht dauerhaft prägen: die protokollarische Reihenfolge der geladenen Gäste bei den Trauerfeierlichkeiten für einen Staatschef. Seit Lenins Einbalsamierung lässt sich aus der Reihenfolge der Gäste, aus ihrer An- und Abwesenheit ablesen, wer sich auf dem Weg zur Macht an aussichtsreicher Stelle befindet. Nach dem vom Politbüro ausgearbeiteten Protokoll stand es am 27. Januar 1924 zuallererst Stalin und Sinowjew zu, den Sarg aus der Säulenhalle, in der Lenin aufgebahrt war, auf den Roten Platz zu tragen. Trotzki hielt sich zu dieser Zeit bezeichnenderweise am Schwarzen Meer auf, wo er sich von einer geheimnisvollen Krankheit erholte.«* (Zbarski, 6)

Drei Jahre nach diesem Ereignis wird an Trotzki, vorläufig nur durch Verbannung, die Liquidation vollzogen werden, während er drei Jahre vor diesem Ereignis selbst noch, aber nicht nur durch Verbannung, eine unvergleichliche Liquidation vollzogen hat. Die Liquidation von Kronstadt, von *»Stolz und Ruhm der Russischen Revolution«*, wie Trotzki selbst die Kronstädter Matrosen und Arbeiter noch 1917 getauft hatte (Volin, 10). Die Bolschewiki führen keine Verhandlungen, prüfen keine einzige der rätekommunistischen Forderungen. Auf die Gesprächsangebote der Kronstädter reagiert Sinowjew mit einem Ultimatum – *»Wenn ihr nicht nachgebt, wird man euch der Reihe nach wie Rebhühner abschießen«* (Gietinger, 14). Und wie die Rebhühner werden die 16.000 Kronstädterinnen abgeschossen, von einer zahlenmäßig weit überlegenen Armee, sorgfältig ausgesucht und mit Zügen aus der Ferne herangeholt, aus der Ukraine, aus Polen, aus Lettland, aus China. Diese Soldatinnen laufen nicht zu den Revolutionärinnen über wie die Mitglieder der ersten beiden Angriffstrupps, diese Soldatinnen reagieren nicht auf die immer wieder wiederholten Zurufe der Kronstädterinnen, nicht auf Genossinnen schießen zu wollen. Diese Soldatinnen sind keine Genossinnen, sie sprechen nicht die solidarische Sprache des Proletariats, sie sprechen in aller Regel nicht einmal russisch (Gietinger, 22).

Befehligt und begleitet wird diese Armee, die am 18. März 1921 auf dem Eis vor Petrograd den Kronstädter Sowjet niederschlägt, von Tschekistinnen und Kommissarinnen, von disziplinierten Bolschewiki. Im Nachhinein liest sich die Liste prominenter Teilnehmerinnen wie der Index eines zeitverzögerten Selbstmordkommandos. Vom Aufhetzer Sinowjew (erschossen 1936), über die Kommandeure Tuchatschewski (erschossen 1937) und Trotzki (1940 erschlagen) bis zu den vom 10. Parteikongress freiwillig herbeieilenden Oppositionspolitikern Pjatakow (erschossen 1937), Zatonsky (verschwunden 1938) und Bubnow (1940 liquidiert). *»Kronstadt hat sie alle eingeholt«* (Gietinger, 26).

Davor aber erhält der Demokratische Zentralist Bubnow noch den Orden des Roten Banners für die Massakrierung der Kronstädter, und die Arbeiteroppositionelle Alexandra Kollontai, die einzige Oppositionelle dieser Strömung, die nicht durch die Hand ihrer linientreuen Genossinnen starb, prahlt auf dem 10. Parteitag 1921: *»Wir gehören zu den ersten Freiwilligen, die gegen die Rebellen kämpfen«* (Gietinger, 21). Auf eben jenem Allrussischen Parteitag, der die Neue Ökonomische Politik beschließt, der lieber Handelsfreiheit gewährt, Konzessionen an Kapitalistinnen vergibt, als freie Sowjetwahlen zu gestatten. Auf eben jenem zehnten Kongress der Kommunistischen Partei, auf dem Lenin das Verbot der innerparteilichen Opposition durchsetzt: *»Der Parteitag wird diese Schlußfolgerung ziehen müssen, dass es jetzt mit der Opposition zu Ende sein, ein für allemal aus sein muss, dass wir jetzt der Opposition müde sind«* (ebd., 25).

Dabei sind die Forderungen der reformistischen Opposition denen des revolutionären Kronstadts nicht unähnlich. Beide kritisieren die autoritäre Führung und das tayloristische Arbeitsregime in den Fabriken, und während die einen die Arbeiterselbstverwaltung gegenüber der Zentralwirtschaft und die Demokratie gegenüber der Parteihierarchie stärken wollen, unterscheiden sich die anderen davon nur, insofern sie vorschlagen, auf die Zentrale der Partei ganz zu verzichten. Aber die Kronstädter Kritik, die die bis zum letzten Revolutionstag in 14 Nummern erscheinende Iswestija artikuliert, ist ungleich schärfer, ungleich klarer, weil durch keine Staatsräson gebändigt und nur dem Versprechen der Revolution verpflichtet:

*»Die Kommunistische Partei, die die Stimmung unter den Massen genau studiert hatte, schrieb verlockende Losungen auf ihre Fahnen, die die werktätigen Massen begeisterten und mitrissen, sie versprachen ihnen, sie in das strahlende Reich des Sozialismus zu führen, das zu errichten allein die Bolschewiki imstande seien. Natürlich ergriff die Arbeiter und Bauern eine grenzenlose Freude. Sie dachten, endlich werde die Sklaverei unter dem Joch der Gutsbesitzer und der Kapitalisten der Vergangenheit angehören.«* (Iswestija Nr. 14, Volin, 107)

Aber die vier folgenden Jahre reichen, um die Vorfreude in bittere Enttäuschung zu verkehren. Unter dem Kommando der staatlichen Gewerkschaften und der zentralistischen Bürokratie wurde nicht nur die Arbeit, sondern das ganze Leben *»todlangweilig, freudlos, bürokratisch, ein Leben nach dem Plan der Machthaber«* (ebd.). Todlangweilig oder tödlich, denn die kommunistische Diktatur brachte *»den Werktätigen statt der Freiheit nur ständige Furcht vor der Folterkammer der Tscheka«*, welche auf Proteste immer gleich reagierte, nämlich mit *»Massenerschießungen und mit einer Blutgier, die der der zaristischen Generäle in nichts nachstand«* (Iswestija Nr. 5, Volin, 93). Den Revolutionären ist klargeworden, dass die kommunistische Partei *»nicht das ist, als was sie sich ausgibt: die Verteidigerin der Arbeiterklasse. Die Interessen des arbeitenden Volkes sind ihr fremd. Sie hat die Macht ergriffen und fürchtet jetzt nur eines: sie zu verlieren«* (ebd.) Auf die Leninsche Losung, Kommunismus sei Sowjetmacht plus Elektrifizierung, kann der Kronstädter Sowjet deswegen nur nüchtern antworten: *»Der bolschewistische Kommunismus ist Absolutismus der Kommissare plus Erschießungen«* (Volin, 108).

Daraus leitet sich die zentrale Forderung der Kronstädterinnen *»Alle Macht den Sowjets und nicht den Parteien«* ab, mit der sie das revolutionäre Versprechen erneuern. Niemals zuvor, seit dem Oktober 1917, ist die Revolution sich selbst so nah gekommen, nie mehr danach wird die Sowjetunion sich dem Ziel einer Union der Sowjets, eines Kommunismus der Räte so annähern, wie in diesen knapp drei Wochen des März 1921. Eine euphorische, eine solidarische Stimmung, ebenso euphorisch und solidarisch wie 1917, ergreift die Menschen, die sich zu Zehntausenden auf dem Ankerplatz in der Stadtmitte Kronstadts versammeln, die es verweigern, höhere Löhne als irgendeine ihrer Genossinnen zu erhalten, die alle Gremien neu und selbst besetzen. Jede Unterstützung organisierter Parteien, vor allem der rechten, der konterrevolutionären lehnen sie ab, sie wollen, wie es in einer Petrograder Flugschrift heißt, nicht *»nach den Vorschriften der Bolschewiki leben, sie wollen selbst über ihr Schicksal entscheiden.«* (Volin, 42). Es ist das *»Morgenrot der Dritten Revolution«*, die sie ausrufen, der Traum eines *»Sozialismus anderer Art«* (Iswestija 14, Gietinger, 22), den sie zu verwirklichen beginnen. Gegen die *»Diktatur der Kommunistischen Partei mit ihrer Tscheka [Geheimpolizei] und ihrem Staatskapitalismus«* – wollen sie *»die Gewerkschaften und Bauernorganisationen [...] zur freiwilligen Assoziationen der Arbeiter, Bauern und schaffenden Intelligenz umbilden«* (Iswestija Nr. 5, Volin, 93).

Und vielleicht hätten sich die Kronstädterinnen, die Arbeiterinnen, die Soldatinnen in besonderer Weise geeignet, nach der bürgerlichen Revolution im Februar 1917 und der sozialistischen im Oktober eine Dritte Revolution zu realisieren. Denn durch ihre Herkunft vom bäuerlichen Land, das sie im Urlaub besuchten und dessen Elend sie mit zum Aufstand bewog, hatten sie einen Zugang zu der Klasse, die 80 Prozent der Bevölkerung in diesem 170 Millionen Land darstellte und für welche die 500.000 Mitglieder zählende bolschewistische Partei nur Verachtung übrig hatte und Kugeln. Der im Sommer 1918 einsetzende Kriegskommunismus löst das Hungerproblem der Städte durch militärisch durchgeführte Zwangsrequisitionen, die den Hunger auf die Dörfer verschiebt. Dieser kommunistische Krieg kann nur mit brutaler Waffengewalt gewonnen werden. *»Als Gegenleistung für das Brot, das fast vollständig requiriert wurde, und für die weggenommenen Kühe und Pferde gab es Razzien der Tscheka und Erschießungen. Ein schöner Warentausch in einem Arbeiterstaate: Brot gegen Blei und Bajonette«* (Iswetija Nr. 14, Volin, 107). Die Kronstädterinnen bezweifeln sowohl den Erfolg als auch die Notwendigkeit dieser Politik. *»Der Bauer«*, schreiben sie, sich auf die Erfahrung stützend, dass die Bäuerinnen direkt mit den Arbeiterinnen in Verhandlung treten wollten, *»braucht keinen Kommissar, um zu begreifen, dass die Stadt Brot braucht, und der Arbeiter wird sich selbst bemühen, dem Bauern alles zu liefern, was er für seine Arbeit braucht«* (Iswestija Nr 11, Volin, 82).

Aber das ist nicht die Einstellung und wohl auch nicht die Erfahrung der Bolschewiki. Sie erblicken in den Bäuerinnen eine Klasse von kleinen Grundeigentümerinnen, an deren Konstitution sie doch durch ihre Unterstützung der bäuerlichen Aneignung von Land mitgewirkt hatten. Eine Klasse von Privateigentümerinnen, Kulakinnen, deren beschränktem Bewusstsein die Einsicht in die übergeordnete Notwendigkeit der gesellschaftlichen Reproduktion nur mit Gewalt aufgezwungen werden kann. *»Der Bauer«*, schreibt Karl Radek rückblickend, *»war soeben von der Front zurückgekehrt, hatte Land bekommen und seine Waffen behalten. Seine Haltung gegenüber dem Staat war folgendermaßen zusammenzufassen: Wozu ist ein Staat von Nutzen? Er wusste nichts mit ihm anzufangen«* (Werth, 80). Also haben die Bolschewiki den Bäuerinnen beizubringen, worin der Nutzen des Staates besteht. Nämlich, wie Lenin in *Staat und Revolution* lehrt, in der Repression. Und in dieser haben sich die Bolschewistinnen in kürzester Zeit zu Expertinnen entwickelt. Auf Anordnung Lenins wird jeder Bauer, der mit einer Waffe in der Hand angetroffen wird, erschossen, jeder Aufstand wird in der von Anfang an verhärteten bolschewistischen Sprache *»erbarmungslos«*, *»gnadenlos«* niedergeschlagen – zum Beispiel mit Giftgas (Werth, 127). Gleich, ob er sich gegen die Zwangsrequisition richtet oder gegen den Kriegsdienst. Für die Bekämpfung der letzteren, für die Bekämpfung der

Deserteure also, befiehlt der Kommunist Lenin eine ganz besondere Kriegstechnik:

*»Nach einer Schonfirst von sieben Tagen, die den Fahnenflüchtigen gewährt wird, um sich zu ergeben, sind die Sanktionen gegenüber diesen unverbesserlichen Verrätern, die dem Volk der Arbeiter nur schaden, noch zu verschärfen. Die Familienangehörigen und alle, die den Fahnenflüchtigen auf welche Weise auch immer helfen, sind von diesem Zeitpunkt an als Geiseln zu betrachten und auch als solche behandeln«* – das heißt, nacheinander zu erschießen, bis sich die Deserteure ergeben (Lenin 1920, zit. n. Werth, 107 f).

Diese Kriegstechnik wirkt von heute aus betrachtet verstörend bekannt, und sie scheint den Bolschewiki tatsächlich durch die Deutschen bekannt geworden zu sein, die die massenhafte Geiselnahme schon 1914 im Krieg gegen Belgien anwandten (Gietinger, 1). Von den Deutschen lernen!, diese Devise hat Lenins Politik maßgeblich geprägt, auch auf der Ebene der Ökonomie:

*»Solange in Deutschland die Revolution noch mit ihrer Geburt säumt, ist es unsere Aufgabe, vom Staatskapitalismus der Deutschen zu lernen, ihn mit aller Kraft zu übernehmen, keine diktatorischen Methoden zu scheuen, um diese Übernahme noch stärker zu beschleunigen, […] ohne dabei vor barbarischen Methoden des Kampfes gegen die Barbarei zurückzuschrecken.«* (Lenin 1918, zit. n. Gietinger, 1)

Diese Aufforderung braucht nicht lange auf ihre Umsetzung warten. Unter dem Titel *»Arbeit, Disziplin und Ordnung werden die sozialistische Sowjetrepublik retten«* ordnet Trotzki die Militarisierung der Arbeit, die Verwandlung der Fabrik in eine Kaserne an, die während der Neuen Ökonomischen Politik noch weiter verschärft wird und in deren Folge Lebensmittelrationen streng nach individuellen Leistungen festgelegt, die Arbeitszeiten erhöht und Arbeitsniederlegungen als Fahnenflucht redefiniert werden. Auf die Proteste der Arbeiterinnen, die, noch die bolschewistische Losung der Arbeiterkontrolle im Ohr, zu streiken beginnen – allein in der ersten Hälfte des Jahres 1920 in 77 % der mittleren und großen Industriebetriebe (Werth, 104) –, antwortet der sozialistische Staat mit Aussperrungen und weiteren Verschärfungen der Fabrikdisziplin. Zuspätkommen, Fehlen, Streiken wird drakonisch bestraft – mit Entzug der Lebensmittelkarte, Lagerhaft, Hinrichtung.

Die Anklagen, auf die diese Strafen folgen, lauten *»konterrevolutionäres Verhalten«, »Schmarotzer- oder Schädlingstum«, »Sabotage«*. Nahezu jeder ökonomische Missstand wird unter Zuhilfenahme auf solche juristischen Kategorien zu erklären und bekämpfen versucht, die aber weniger wie im bürgerlichen Recht individualisieren, sondern gefährliche soziale Gruppen konstruieren. Von kaum etwas weiter entfernt als von jeglicher Form des Ökonomismus herrscht in der Sowjetunion vielmehr ein Politizismus, ein Polizismus, der jedes gesellschaftliche Problem als durch einen bösen Willen, durch Verschwörung, verursacht betrachtet und durch Gewalt zu beheben gedenkt.

Durch die Gewalt einer ursprünglichen Kapitalisierung wird die ganze Gesellschaft nach dem Bild der fordistischen Fabrik modelliert, in der alle Mitglieder sich als Rädchen und Schräubchen in den Dienst der Produktivitätssteigerung zu stellen haben, die Fabrik aber wird nach dem Bild des Militärs gebildet. Trotzki legitimiert diese antisozialistische Politik mit einer klassischen, der klassischsten antikommunistischen Argumentation. Auf dem 9. Parteitag verkündet er, der Mensch neige von Natur aus zur Faulheit. Aber während es im Kapitalismus der Markt sei, der die Arbeiterin unter Strafe des Verhungerns zum Arbeiten antreibe, müsse im Sozialismus der Staat diese Aufgabe übernehmen, indem er die Arbeiterin wie eine Soldatin zu Disziplin und Gehorsam erziehe.

Sonntagsarbeit, Stücklohn, Arbeitszeitverlängerung, Aussperrung! Es muss hier ein Missverständnis vorliegen. Es können sich die, die eine solche Politik verfolgen, nur aufgrund eines Irrtums Sozialistinnen nennen, es können sich die, die diese Politik mit Hinweis auf die Faulheit des Menschen rechtfertigen, nur in Folge einer Namensverwechslung als Kommunistinnen bezeichnen. Es muss sich, es kann sich nur um ein Missverständnis handeln. – Wenn es so einfach wäre. Aber so einfach ist es nicht. Michel Foucault schreibt in Verteidigung der antikommunistischen Neuen Philosophen:

*»Den Gulag wollte eine ganze Linke – wenn nicht wie die Kriege durch die Theorie der Geschichte – durch die Geschichte der Theorie erklären. Massaker, ja, ja. Aber es war ein schrecklicher Irrtum. Nehmt also wieder Marx oder Lenin zur Hand, vergleicht mit Stalin und ihr werdet sehen, wo sich dieser geirrt hat. So viele Tote, das ist doch klar, konnten nur aus einem Lesefehler hervorgehen. Es war vorauszusehen: der Stalinismus-Irrtum war einer der Hauptagenten jener Rückkehr zur Marxismus-Wahrheit, zum Marxismus-Text, der man in den Sechziger Jahren beigewohnt hat. Gegen Stalin hört nicht auf die Opfer, die nur ihre Martern zu erzählen hätten. Lest die Theoretiker wieder. Sie werden euch die Wahrheit des Wahren sagen.«* (Foucault a, 219)

Aber es gibt keine Rückkehr, keinen unbeschadeten Rückgriff auf einen unschuldigen, unbeschmutzten Urtext. Der Marxist Stalin wird, so traurig das ist, den Nichtmarxisten Marx auf immer verändert haben. Wenn wir Stalins Kopf von Marxens Wange schneiden – an der Trennung von Engels arbeitet die philologische Marxologie seit Bänden –, eine folgenschwere Amputation, dann bleibt dort für immer eine Wunde, die nie verheilen wird. Da wächst keine Haut, da wachsen keine Haare. Karl Heinrich Marx († 1883) epiliert, die Hälfte seines Gesichts ohne Bart, das wäre das einzige Antlitz, mit dem der Begründer des wissenschaftlichen Kommunismus noch einmal hängen dürfte.

Zurück zu Marx! Diese Bewegung ist in doppelter Weise mit der Geschichte des Marxismus, des Marxismus-Leninismus, des Stalinismus verschränkt. Sie ist die Figur einer immanenten Kritik, die der staatssozialistischen Herrschaft die Deutungshoheit über den Begriff des Kommunismus streitig macht und ihren Marxschen Legitimationsgrund entzieht und ist darin gleichzeitig die Figur einer reinen Kritik, die an der Wieder-Erlangung einer unschuldigen Position arbeitet, welche die Konfrontation mit den Opfern des Kommunismus aus ihrem eigenen Aufgabenbereich und reflexiven Selbstverhältnis bannen kann. Darin gleicht sie einer in die gleiche Zeit fallenden, nicht selten als zur ersten Figur gegnerisch konzipierten Bewegung, die sich als Versuch versteht, die Frage zu klären, warum sich trotz der objektiven Bedingung der Produktivkraftentwicklung, welche eine kommunistische Vergesellschaftung ermöglicht, der Kapitalismus weiter zu reproduzieren vermag. Ihre Antwort, die Autonomie des Ideologischen, ist dabei explizit als Kritik des im östlichen oder traditionellem Marxismus verorteten teleologischen und ökonomistischen Determinismus konzipiert und funktioniert zugleich als Verschiebung, insofern sie die beunruhigende Frage verdeckt, ob die mangelnde Revolutionsbereitschaft der Massen nicht eher historische als ideologische Gründe hat (vgl. Herfurth 14 f, 26). Als handele es sich – nach den Revolutionen des 20. Jahrhunderts! – bei der Skepsis gegenüber allen kommunistischen Versprechungen lediglich um falsches Bewusstsein und nicht vielmehr um richtiges.

Auf die (antikommunistische) Kritik des Kommunismus reagieren Kommunistinnen mit Verteidigung – es sei nicht alles am Kommunismus schlimm –, mit Abwehr – das sei überhaupt kein Kommunismus gewesen – oder mit Angriff – die Kritik der kommunistischen Verbrechen diene nur der Legitimation der Verbrechen seiner Feinde. Jedes Mal haben sie Recht. Aber was über den Kommunismus ist gesagt damit, dass der Nationalsozialismus schlimmer, der Kapitalismus ebenso schlimm gewesen ist? Welches Urteil gesprochen über einen Kommunismus, in dem nicht alles, nur fast alles schlimm war? Und vor allem, welcher Anspruch erhoben auf einen Kommunismus, der trotz jahrhundertelanger Versuche ihn zu realisieren real doch nur in der Phantasie derer existierte, die, immer wenn sie befragt werden, leider ohne alle Macht sind.

*»Man muss die Politik der Anführungszeichen aufgeben; also nicht mehr sich aus der Affäre ziehen, indem man den sowjetischen Sozialismus mit schimpflichen und ironisierenden Anführungszeichen versieht, die den guten, den wahren Sozialismus – ohne Anführungszeichen –, […] in Schutz nehmen. In Wahrheit ist der einzige Sozialismus, der die Anführungszeichen des Spotts verdient, derjenige, der in unserem Kopf das verträumte Leben der Idealität führt.«* (Foucault b, 202)

In Wahrheit gibt es für Materialistinnen keine unwahrere Aussage als diese: *»die Idee war gut …«* Denn es gibt keine Idee, die getrennt und gesäubert von der Geschichte ihre eigne Existenz führte und zu deren Reinheit sich folglich Zuflucht nehmen ließe. Keinen strahlenden Sozialismus, der von der kontingenten Kontaminierung des Stalinismus unberührt bliebe. Es gibt diese von der schlechten Praxis getrennte gute Theorie ebensowenig, wie es andersrum lediglich einer Verbesserung der Theorie, Korrektur früherer Fehler, bedürfte, um zu einer guten Praxis zu kommen. Ein Mehr an Demokratie, ein Weniger an Ausschluss, ein Kern von Marxschem Urtext. In ihrer Abstraktheit wirken diese Versuche, als dienten sie dem Zweck, sich die konkreten historischen Erfahrungen, von denen sie doch motiviert sind, vom Leib, dem lieb gewonnenen Leib etwa eines politisch-organisatorischen Partei-Körpers, eines überlieferten Textkorpus, fernzuhalten. Ein Blick auf die Staatskritik, die Lenin 1917 am Vorabend der Revolution in *Staat und Revolution* formulierte, und auf die Staatspolitik, die er am Morgen danach verfolgte, reicht, um die Behauptung eines einfachen kausalen Zusammenhangs zwischen Theorie und Praxis vollständig zu desavouieren. Nur scheinbar ist deshalb die Wiederholbarkeit auf Seiten der durch die Geschichte transportierbaren Theorie (Ontologie, Repräsentationslogik, Arbeits- und Staats-Fetisch) verortbar, die der Unwiederholbarkeit auf Seiten der auf Epochen begrenzten historischen Bedingungen (Aggression der Entente, Bürgerkrieg, Notwendigkeit nachholender Modernisierung). Stattdessen verschränken sich Wiederholbarkeit und Unwiederholbarkeit mit Theorie und Geschichte in einem paradoxalen Verhältnis. Gerade dass sich die Theorie nie in einem idealen Raum artikulieren kann, sondern von der spefizischen historischen Konstellation doppelt verunreinigt ist, in ihren Herkünften und ihren Wirkungen, bedingt die Gefahr einer Wiederkehr des Scheiterns, die sich durch keine einfache Korrektur theoretischer Fehler bannen lässt.

Aber auf die Frage nach einer Versicherung gegenüber dem revolutionären Risiko ist das wohlfeile Versprechen, das nächste Mal werde es schon demokratischer zugehen, ebenso schnell gegeben wie die nur scheinbar radikalere Antwort, über das Aussehen des Kommunismus könne, ja dürfe keine Aussage getroffen werden. Das Bilderverbot, gegen die Möglichkeit der Wiederholung der Gegenwart im Traum gerichtet, wird zur Lüge, die die Möglichkeit der Wiederholung der Vergangenheit im Trauma verdeckt. Das Diktum, das schöne Bild des wahren Kommunismus lasse sich nicht zeigen, wird zur Legitimation, vor den hässlichen Bildern des falschen Kommunismus die Augen zu verschließen. Als wäre es an einer gewissen, einer ungewissen Zukunft und nicht an den Kommunistinnen, eine Antwort auf die Frage zu geben, warum der Kommunismus der Zukunft dem Kommunismus der Vergangenheit nicht gleichen, nicht einmal ähneln wird. Eine Antwort auf die Frage, warum eine andere Welt nicht nur möglich ist, sondern vor allem anders. Eine Antwort auf diese für Kommunistinnen – das ist mehr als Antikapitalistinnen, als Kritikerinnen der Herrschaft des Kapitals und aller Herrschaften – schwierigste und dringlichste Frage, auf die Kommunistinnen (wie die hier schreibende) noch keine Antwort haben geben können. Auf die Kommunistinnen keine Antwort werden geben können, so lange sie sich nicht mit der historischen Wirklichkeit des Kommunismus, seiner wirklichen Bewegung, konfrontieren (vgl. Kagarlitzki, 14). So lange sie nicht die ungewählten Bedingungen fokussieren, auf die eine kommunistische Wahl treffen, unter denen eine kommunistische Entscheidung getroffen werden muss.

Materieller Moment der Entscheidung, in dem mit einem Schlag die Vergangenheit auf die Zukunft prallt. Das Ereignis der Erfahrung auf das Ereignis der Antizipation. In der Revolution, der russischen wie – vorsichtige Verallgemeinerung – jeder anderen, steht auf beiden Seiten die Konterrevolution.

*»Der Bürgerkrieg war nicht gewollt, sondern wurde vorhergesehen. Das ist mehr als nur eine Nuance. Alle Revolutionen seit der Französischen Revolutionen hatten folgende schmerzliche Lektion eingeschärft: Die emanzipatorischen Bewegungen stoßen auf die konservative Reaktion; die Konterrevolution folgt der Revolution wie ein Schatten – 1792, als die Truppen des Herzogs von Braunschweig auf Paris zumaschieren, 1848 mit den Junimassakern, 1871, als die Kommune im Blut erstickt wurde. Diese Regel kannte seitdem keine Ausnahmen, von Francos Pronunciamento 1936 bis zu Suhartos Staatsstreich 1965 in Indonesien (mit einer halben Million Toten) oder zu Pinochets Putsch 1973 in Chile.«* (Bensaid, 60, vgl. auch Martelli, 223)

Konterrevolution der Vergangenheit, Konterrevolution der Zukunft, Konterrevolution der Gegenwart der russischen Revolution. Sich als schmerzliche Lehre aus der ersten präsentierend, mit der schmerzlichen Ankunft der zweiten rechnend, stößt sie auf die dritte, die dritten, denn es sind mehrere. Konterrevolution auf Konterevolution, die, von allen Seiten kommend, einander jagen, sich in Bündnissen miteinander verschränken. Diejenige der imperialistischen Entente, diejenige der weißen Monarchistinnen, der Kosakenheere und auch diejenige der Bürgerlichen, der Sozialdemokratinnen, der Menschewiki und rechten Sozialrevolutionäre, in deren Protesten sich progressive Forderungen mit reaktionärsten mischen.

Fast immer, wenn Bäuerinnen, Soldatinnen, Arbeiterinnen gegen die Herrschaft der Bolschewiki Forderungen erheben, antirepressive, demokratische, anarchistische, fehlt der Antisemitismus nicht. Nicolas Werth, Autor des vom Herausgeber Stephanè Courtois antisemitisch gerahmten Schwarzbuch des Kommunismus (Küntzel, 252), listet es sorgsam auf. Tod der Tscheka, Tod den Bolschewiki, Tod den Juden – so lautet der Dreiklang des Widerstands; Moskauer = Bolschewik = Jude seine Gleichung (Werth, 100, 101, 111, 114). Ein mächtiger, ein populärer Gegner der Revolution ist der Antisemitismus (Reed 82, 87), der – lange bevor er vom Stalinismus in Dienst genommen wird – im Begriff des *»Judeobolschewismus«* die unterschiedlichsten Parteien ebenso eint, wie er sich bei den hingemetzelten Jüdinnen nicht für Parteizugehörigkeit interessiert. So mächtig und populär, dass er noch während des deutschen Krieges gegen die *»russischen Untermenschen«* viele von diesen zur Kollaboration mit den Nazis bewegt (Werth, 270). Bereits 1905 gab es vor allem von der Gruppe der *»Schwarzen Hundert«* Pogrome an Juden, die als Strafaktionen für den Revolutionsversuch gemeint waren, die berühmteste Fälschung des internationalen Antisemitismus, die *»Protokolle der Weisen von Zion«*, werden 1898 als antimodernistische, als konterrevolutionäre Waffe in Auftrag gegeben (Eisner, 61, 138). Die Bolschewiki reagieren mit hilfloser Aufklärung und, in fataler Fehleinschätzung der Struktur des Antisemitismus, mit vorauseilendem Gehorsam, mit Reduktion der jüdischen Kader auf mittlerer Parteiebene. Aber auch – ebenso wie der gegen die weiße wie die rote Konterrevolution gleichzeitig kämpfende, von der letzteren letztlich niedergeschlagene Bauernrevolutionär und Anarchist Machno – mit harter Repression, mit Erschießung (Arschinoff, 219). Und können dennoch nicht verhindern, dass im Bürgerkrieg zwischen 1917 und 1921 60.000–250.000 Jüdinnen in antisemitischen Pogromen ermordet werden (Herbeck, 143).

Die weißen Truppen agieren mit entfesselter, gnadenloser Brutalität, die sich von derjenigen der roten zunächst nur dadurch unterscheidet, dass mit ihr nicht nur sämtliche Offiziere massakriert werden, sondern gerade auch die niederen Soldatinnen. Die Konterrevolution scheut keine Opfer, denn die zu Opfernden sind entweder (im Falle ihres Sieges) Untertanen oder (im Falle der Niederlage) ohne allen Belang. Sie ist die aktualisierte Gewalt, die in der Herrschaft der alten Gesellschaft als strukturelle gebunden war; sie fühlt sich legitimiert von einer mächtigen Tradition und zur gleichen Zeit von dieser entbunden. Warum der Zukunft Vorbild sein, wenn nur der Vergangenheit ein Abbild zu schaffen ist? Die Konterrevolution fürchtet nicht um ihren guten Ruf, sie hat nichts zu verlieren als ihre (bereits verlorene) Herrschaft.

Welche Revolution könnte es mit dieser Konterrevolution aufnehmen? Welche Revolution wäre in der Lage, nicht nur die grausame Herrschaft zu überwinden, sondern auch ihre erwartbare und erwartbar grausamere Wiederkehr? Mit *einem* Streich gegen das Alte ist es nicht getan, sie muss es immer *zweimal* töten. Die Revolution kann Revolution nur sein und bleiben, wenn sie mit der Reaktion rechnet, und noch vor deren Eintreten auf sie zu reagieren beginnt. Die Revolution kann Revolution nur sein und bleiben als (permanente) Konterkonterrevolution. Im Zwang der Entscheidung verdichtet sich die Frage, ob der Bürgerkrieg gewollt oder vorhergesehen wurde, *zu einer Nuance.* Aber bleibt die Revolution noch Revolution als Konterkonterrevolution, kann sie, unverändert dieselbe, ein zweites Mal auftreten? Oder wird sie sich transformieren, kontaminieren mit Momenten der Konterrevolution? Kann die Revolution nicht siegreich sein nur, indem sie sich der Konterrevolution angleicht, sich in eine ihr ebenbürtige Gewalt verwandelt und, mehr noch, in eine ihr überlegene? Kann die Revolution nicht siegreich sein nur, indem sie die Konterrevolution überholt, sie noch vor deren Eintreffen an Härte und Schnelligkeit, übertrifft?

Haben die Bolschewiki also Recht, wenn sie bereits im April 1918 die hierarchiefreie Rätedemokratie in den Armeen wieder abschaffen? Hat Felix Dserschinski Recht, wenn er für die Tscheka entschlossene Leute sucht, »die wissen, dass es nichts Wirksamers gibt als eine Kugel, um jemanden zum Schweigen zu bringen« (Werth, 82)? Tut die Tscheka nicht gut daran, gegen die mindestens fünftausend ehemaligen Lockspitzel und Geheimagenten des zaristischen Geheimdienstes, der Ochrana, die unenttarnt wichtige revolutionäre Posten einnehmen, eine Kampagne der Entlarvung zu starten (vgl. Serge, 113)? Ist Lenin nicht zuzustimmen, wenn er die Abschaffung der Todesstrafe in Zeiten der Revolution als »einen Irrtum, einen unverzeihlichen Fehler und eine pazifistische Illusion« (Lenin, zit. n. Werth, 83) attackiert? Jenem Opernliebhaber Lenin, der es verweigert, noch in die Oper zu gehen, weil er nicht etwas so Schönes sehen kann, während er etwas so Hässliches tut. Ohne Illusion wollen sie sein, die Revolutionäre, ohne Illusionen und Affekte, durch die sie sich selbst am Siegen hindern könnten. Affekte wie Mitleid, Illusionen wie der einer gerechten Revolution. »Glaubt nicht Genossen«, ruft Dserschinski den Kommunistinnen zu, »dass ich nach einer Art revolutionsadäquaten Gerechtigkeit suche. Wir können mit ›Gerechtigkeit‹ nichts anfangen!« (Werth, 71). Und was hätten sie mit revolutionärer Gerechtigkeit anfangen sollen, wissend, dass die konterrevolutionäre Ungerechtigkeit dieser jeder Zeit ein Ende bereiten können würde? Hatten sie unter den von ihnen nicht gewählten Bedingungen eine andere Wahl als die, sich »Entschiedenheit und Härte« anzutrainieren, Gnadenlosigkeit und Kälte, um als Revolutionäre das durchstehen zu können, was sie als Kommunistinnen nicht durchstehen wollen können?

Ja – sagen die Kronstädterinnen. Sie verhaften fast niemanden, vollstrecken nicht eine einzige Exekution und üben keine Rache. Statt zum Angriff überzugehen, so lange ihnen die Zeit dafür noch bleibt, suchen sie das Gespräch, statt sich strategisch sinnvoller Festungen zu bemächtigen, beharren sie darauf, dass *»ein wirklicher Kommunist niemandem seine Ideen aufzwingen soll«* (Iswestija Nr.4, Volin, 78). Auf die moralische Kraft der Revolution vertrauen sie und auf die Überzeugungskraft ihrer Argumente, die sie als Radiobotschaften verbreiteten.

Aber während die Kronstädterinnen jedes Flugblatt der Bolschewiki, so verleumderisch es auch gewesen sein mag, in ihrer eigenen Zeitung nachdrucken, verheimlichen die bolschewistischen Medien alle Verlautbarungen Kronstadts und verbreiten stattdessen ganz gezielt die Lüge, es handele sich bei den Revolutionären um weiße Saboteure, deutsche Spione. Auf die Verhaftung zweier kommunistischer Kommissare reagieren die Regierungskommunisten, indem sie die Familien der Kronstädterinnen als Geiseln nehmen. Die unter dem Schutz der Parlamentärsflagge stehenden Verhandlungsdelegationen empfangen sie – das mögen sie selbst von den weißen Offizieren gelernt haben (Reed, 258) – mit Kugeln. Und noch die Besiegten, noch die ins nahe Finnland Geflohenen locken sie, Jahre später, mit dem Versprechen einer umfassenden Amnestie wieder nach

Russland, nur um sie ohne zu zögern in den Zwangsarbeitslagern verschwinden zu lassen.

Was ließe sich daraus, wenn aus diesem Gemetzel irgendetwas zu lernen wäre, für ein zukünftiges Kronstadt lernen? [Sicherlich nicht, dass in der Geschichte hinter den erreichten Zielen die zu ihrer Erreichung angewandten Mittel verblassen, das müsste zumindest Leo Trotzki spätestens dann aufgegangen sein, als ihm *»in der Hitze Mexikos ausgerechnet ein Eispickel den Schädel spaltete«* (Gietinger, 26)]. Hätte ein Kronstadt der Zukunft nicht zunächst das Lernen selbst zu lernen, hätte es nicht zunächst die Frage zu stellen, warum das vergangene Kronstadt, obwohl es die Bolschewiki kannte, sich von diesen hat überraschen lassen? Hätten die Kronstädterinnen der Zukunft nicht zu lernen, dass möglich ist, was sie nicht für möglich halten wollen, dass auch, was nicht möglich sein darf, möglich ist? Müssten sie nicht mit den verschiedenen Gestalten der Konterrevolution rechnen, mit der weißen ebenso wie mit der roten? Und müssten sie, die sie mit ihr rechnen, ihr nicht zuvorkommen, müssten sie nicht darauf verzichten, diesen Genossinnen gegenüber Gnade walten zu lassen, wissend, dass diese keine Gnade walten lassen werden gegenüber ihnen? Hätte der linke Sozialrevolutionär Alexandrow, der sich 1918 bei einem Aufstand der Liquidierung Dserschinskis widersetzte, sich nicht anders entscheiden müssen, hätte er gewusst, dass Dserschinski es ihm mit einer Kugel in den Kopf danken würde (Gietinger, 8)? Müssen die Kronstädterinnen der Zukunft nicht gegen die Leninistinnen der Zukunft die Waffen erheben, misstrauisch ihnen gegenüber, ihre Verhandlungsangebote ausschlagend, in die Offensive gehen und die Leninistinnen liquidieren, bevor diese sie liquidieren können? Müssen die Kronstädterinnen der Zukunft also Leninistinnen werden?

Aber müssten sie, die sich gegen den Leninismus wendend zu Leninistinnen werden, sich nicht gegen sich selbst wenden? Hätten sie, die sie gegen die Gewalt die Gewalt aufrufen, den Ruf zur Gewalt nicht gegen sich selbst zu richten? Weil der Körper, den es zum Zuschlagen braucht (und die Lust, die das Zuschlagen in diesem erzeugt), sich nicht einfach wie ein aus der Mode gekommenes Kleidungsstück wieder ablegen lässt, nachdem er einmal antrainiert wurde.[16] Hätten sie nicht im Voraus den irreversiblen Transformationen Rechnung zu tragen, zu denen sie die Konterrevolution nötigt? Eine vorauseilende Vorsorge, antizipative Institution, eine Versicherung gegen die Zukunft? Die Revolution, die mit der Konterrevolution rechnet, hätte mit deren Vermehrung zu rechnen, mit der äußeren wie mit der inneren Konterrevolution, mit dieser Dialektik der Revolution. Wie in den Zombiefilmen hätten die Revolutionäre ihren Nachwuchs zu bewaffnen, mit der Aufforderung, sie zu erschießen, wenn der Verwandlungsprozess beginnt, der Virus der Gewalt zu wirken anfängt. Und wie die Helden dieser Filme würden die nachkommenden Revolutionäre die Waffe gegen ihre Vorgängerinnen wenden, würden, von ihren Opfern ermuntert, mit Tränen in den Augen, aber mit Einsicht in die Notwendigkeit, den Abzug betätigen. Die Konterkonterkonterrevolution. Nicht ihre Kinder, ihre Eltern hätte die Revolution fressen müssen.

16 Die OpferTäter-Spiralen – so typisch für den Stalinismus – beginnen sich schon früh zu drehen: »Zu Anfang 1919 widerstanden die Tschekas kaum mehr der psychischen Pervertierung und Korruption. Ich weiß, dass Dserschinski sie als ›halbverfault‹ betrachtete und keine andere Lösung sah als die schlimmsten Tschekisten zu erschießen [...] In allen Gefängnissen gab es Sonderabteilungen für Tschekisten, Richter, Agenten verschiedener Art, Informanten, Scharfrichter ... Die Scharfrichter [...] endeten meist damit, dass sie selbst hingerichtet wurden. Sie begannen zu trinken, schlugen über die Stränge, schossen plötzlich auf irgendjemand« (Serge, 95).

Die Revolution ist *»per definitionem total, und sie ist damit gleichzeitig extensiv und intensiv: Bliebe sie lokal, wäre sie eine Subversion, bliebe sie oberflächlich, wäre sie eine Reform«* (Loick b, 3). Die Revolution *»ist total, weil sie eine Totalität ersetzen will«* (ebd., 6 f). Beherrscht von der Phantasie einer Katharsis der Gewalt, die wiederkehren wird, die bis heute nicht wiederzukehren aufgehört haben wird und die ihre Plausibilität aus der Gewaltigkeit des versteinerten Massivs der Tradition bezieht, der sie den Krieg erklärt. Sie kämpft, wenn sie es ernst meint, gegen das Alte, wo es sich in den konterrevolutionären Institutionen objektiviert, aber auch dort, wo es sich in den revolutionären Subjekten institutionalisiert. Sie kämpft und muss kämpfen, gegen ihre eigenen Kämpferinnen, die für das Neue kämpfend doch immer in Gefahr stehen, selbst die Alten zu bleiben. Sie wendet sich, wenn sie radikal ist, mit Notwendigkeit gegen sich selbst, weil sie sich im Kampf gegen das Alte mit diesem kontaminiert. Es braucht Gewalt, um die Verhärtungen aufzubrechen, um die Panzer wegzusprengen, die den Weg versperren und die zu entfernen sind. Das ist – und bleibt – die *Reinigung*. Aber es bleibt, um im Bild zu bleiben, nichts übrig, es gibt keinen von der Hülle unbeschadeten Kern, der sich freilegen, keine verschlossene Hinterwelt, die sich freisprengen ließe. Unter dem zertrümmerten Pflaster liegt kein Strand.

Wäre es da nicht besser gewesen, die Revolutionäre hätten vor der herannahenden Konterrevolution frühzeitig kapituliert? Hätten sie, ohne auf Gnade zu hoffen, nicht ihre Waffen strecken müssen, ihre Leben abgeben, aber ihre Moral behalten? Hätten die Kommunistinnen ihren nachfolgenden Genossinnen nicht mehr genutzt, wären sie als zu betrauernde Opfer in die Geschichte eingegangen? Wäre es unter den Bedingungen der Dialektik der Konterrevolution nicht revolutionärer gewesen, die Revolution sein zu lassen?

Diese Frage ist nicht rhetorisch gemeint, sie stellt sich, historisch, real. Ein halbes Jahrhundert nach Lenin wird Salvador Allende sie beantworten müssen, wird die ohne Waffengewalt siegreiche, die demokratisch gewählte sozialistische Regierung Chiles im Angesicht des Putsches von CIA und Pinochet entscheiden müssen, ob sie die sozialistische Mehrheit, ob sie die Bevölkerung zum bewaffneten Widerstand aufruft oder nicht. Die Chancen auf Erfolg dieses Widerstands sind nicht gering, aber ein Bürgerkrieg fordert hunderttausende Opfer, Verwüstung und Armut auf Jahrzehnte, die kampflose Kapitulation fordert Jahrzehnte Dikatur, den Tod der sozialistischen Regierung und einiger tausend Genossinnen. Die Regierung muss schnell entscheiden und schnell entscheidet sie sich – gegen sich selbst. Entscheidet sich für das Fußballstadion, in dem die widerstandslos Verhafteten nacheinander zur Wand geführt werden. Sie weiß, den Bürgerkrieg kann sie gewinnen, aber nicht mehr den Sozialismus danach.

Stellt sich die Alternative historisch so, dann stellt sie sich als Aporie. Als Widerspruch zweier Sätze, die gleich wahr sind, als unauflösbarer Widerspruch. Zweimaliges Scheitern der Revolution, dem durch Resignation nur ein drittes hinzugefügt würde. Aber die Aporie ist nicht, wie das eine bestimmte Philosophie will, bereits Antwort auf ein Problem, sondern ist das nach Antwort verlangende Problem selbst. Alles begehrt auf, alles muss aufbegehren gegen diese Aporie, die zum Aufgeben überreden zu wollen scheint, weil sich in ihrer logischen Form die historische Ausweglosigkeit sedimentiert. Aber auf dem Terrain der Geschichte gibt es kein Gesetz, das länger gültig wäre als bis eben heute. Es gibt geschichtliche, gemachte Bedingungen, unter denen das Rätsel der Revolution sich lösen lassen muss. Aber das Lösen des Rätsels selbst ist, zumindest eine, Bedingung für das Gelingen der Revolution – der nächsten Revolution.

1917, in dieses kurze Jahr fallen, wie Vögel in den Himmel, eine Reihe Revolutionsversuche. Zwei sind erfolgreich, der zweite im Oktober, der erste im Februar: *»So sehr erwartet, dass man schließlich kaum mehr daran glauben wollte, erschien endlich die Revolution«*, schreibt Victor Serge aus Barcelona. *»Das Unwahrscheinliche wurde Wirklichkeit. Wir lasen die Telegramme aus Russland und fühlten uns verwandelt«* (Serge, 64). Die Revolution erscheint – endlich. Aber nicht vor allem auf der Bühne erscheint sie, aufgespannt für das begierige Publikum, nicht vor allem in den Kämpfen der Parteien um die Parlamente, die zentralen Festungen, die Hauptstadt. Ungeplant, ohne militärischen Befehl, ohne gesetzliche Legitimation, *wild* also, führen Bäuerinnen überall auf dem Land Bodenenteignungen durch, desertieren Matrosinnen oder setzen ihre Offiziere ab. Studentinnen schreiben ihren Professorinnen ein neues Programm für das Fach Geschichte vor, Soldatinnen laden die Feldgeistlichen zu ihren Versammlungen ein, um deren *»Leben einen neuen Sinn zu geben«*. Hotelbedienstete weigern sich Trinkgelder anzunehmen und die kleinen Schülerinnen verlangen Boxunterricht, um von den großen Schülerinnen gehört und respektiert zu werden (Bensaid, 59). In den überall und jederzeit stattfindenden Versammlungen stößt jeder Versuch die Redezeit zu begrenzen, ebenso auf Ablehnung wie die Forderung weniger zu rauchen von allen unterstützt und von niemandem befolgt wird. Und die Statue von Katharina der Großen winkt plötzlich mit einer kleinen roten Fahne (Reed, 51 f). Deswegen hat die Russische Revolution keinen Jahrestag, weil sie sich nicht an einem Tag ereignet und auch nicht an zehn. Was nicht heißt, dass sie nicht vielleicht, nach bereits einem Tag, ohne beendet worden zu sein, an ihr Ende kommt. Feierlich wird am 26. Oktober die kommunistische Partei dem Rätekongress die Macht überreichen, die sie extra zu diesem Zweck in der Nacht zuvor militärisch erobert hat. Ein formales Geschenk von bolschewistischer Gnade. Der Beginn der Sowjetmacht wird zugleich der Beginn ihres Endes sein. Sowjetunion ohne Sowjets, ohne Union. Keine Räte, keine Vereinigung, nur eine ratlose Einheit. Und eine aschige Sonne, die ohn' Unterlass anfangen wird aufzugehen. Oder nicht. Morgen der Revolution.

## Sieben. PS

Lesen lernen. In dem Ort, in dem ich die meisten Jahre meines Lebens verbrachte, gab es auf einem der gekachelten Gartenmäuerchen, die meinen Schulweg säumten, ein aus weißen Strichen gezogenes Graffiti mit dem simplen Schriftzug »WIR SIND DA«. Das A war umkringelt, mehr wies nicht darauf hin, um wen es sich bei diesem »wir« handeln könnte. Mehr brauchte ich nicht zu wissen. Der schmale Schriftzug reichte, um mir ein Gefühl von Sicherheit, zuweilen auch von Stärke zu geben. Gegen die Angst war dieses A gerichtet, vor allem aber gegen die Einsamkeit in einer deutschen Kleinstadt der neunziger Jahre.

## Acht. Erinnerungen


Adamczak, Bini a: Warum mir das Ausbleiben der Revolution auf den Magen schlägt, in: *diskus* 2/03, simulate communism, Frankfurt 2003.

Dies. b: Kommunismus, kleine geschichte wie endlich alles anders wird, Münster 2004.

Armanski, Gerhard: Maschinen des Terrors, Münster 1993.

Arschinoff, Peter A.: Geschichte der Machno-Bewegung, Münster 1998.

Benjamin, Walter a: Über den Begriff der Geschichte. In: Ders: Sprache und Geschichte. Philosophische Essays, Stuttgart 1992, S. 141-154.

Benjamin, Walter b: Moskauer Tagebuch. Mit einem Vorwort von Gershom Scholem, Frankfurt 1980.

Bensaid, Daniel: Verbrecherische Revolution – verbrecherische Idee?, in: Mecklenburg, Jens/Wippermann, Wolfgang: »Roter Holocaust?« Kritik des Schwarzbuchs des Kommunismus, Hamburg 1998, S. 51-73.

Birkenfeld, Wolfgang: Stalin als Wirtschaftspartner Hitlers (1939-1941), in: Vierteljahresschrift für Sozial- und Wirtschaftsgeschichte, 53, Bonn 1966, S. 477-510.

Brecht, Bertolt: Fatzerkommentar, in: ders.: Große kommentierte Berliner und Frankfurter Ausgabe, Stücke 10, Berlin–Frankfurt 2003.

Bruce, La Bruce: The Rasberry Reich, Deutschland 2004.

Buber-Neumann, Margarete: Als Gefangene bei Hitler und Stalin. Eine Welt im Dunkel, München 2002.

Bühl, Achim: Der sowjetische Historikerstreit zum Hitler-Stalin-Pakt, in: Bühl, Achim (Hg.): Der Hitler-Stalin-Pakt. Die sowjetische Debatte, Köln 1989, S. 7-37.

Chruschtschow, Nikita: Chruschtschow erinnert sich, Reinbek bei Hamburg 1971.

Churchill, Winston S.: The Second World War. Volume I, The Gathering Storm, London 1949.

Debord, Guy: Die Gesellschaft des Spektakels, Berlin 1996.

Derrida, Jacques: Marx' Gespenster. Der Staat der Schuld, die Trauerarbeit und die neue Internationale, Frankfurt 1996.

Diefenbach, Katja: Unbestimmtheit als Figur für die Aktualität des Kommunismus, in: *diskus* 2. 2005, Klassen massen sitzen lassen, S. 29-36.

Dimitroff, Georgi: Tagebücher 1933-1943, Berlin 2000.

Eisner, Will: Das Komplott. Die wahre Geschichte der Protokolle der Weisen von Zion, München 2005.

Foucault, Michel a: Die große Wut über die Tatsachen. Über ›Les Maitres Penseurs‹ von A. Glucksmann, in: ders.: Dispositive der Macht, Michel Foucault über Sexualität, Wissen und Wahrheit, Berlin 1978.

Ders. b: Mächte und Strategien, Antwort auf Fragen von ›les révoltes logiques‹, in: ders. Dispositive der Macht, Michel Foucault über Sexualität, Wissen und Wahrheit, Berlin 1978.

Gietinger, Klaus: Die Kommune von Kronstadt, *trend onlinezeitung* 02/02, http://www.trend.infopartisan.net/trd0202/t090202.html.

Glaser, Georg: Geheimnis und Gewalt, Frankfurt 1990.

Goldner, Loren: Der Kommunismus ist die materielle menschliche Gemeinschaft. Amadeo Bordiga heute, in: *Wildcat-Zirkular* Nr. 46/47, 1999, http://www.wildcat-www.de/zirkular/46/z46loren.htm.

Groys, Boris: Unsterbliche Körper, in: Groys, Boris/Hagemeister, Michael: Die Neue Menschheit. Biopolitische Utopien in Russland zu Beginn des 20. Jahrhunderts, Frankfurt 2005.

Guevara, Ernesto Che: Seien wir realistisch – versuchen wir das Unmögliche, Kuba o.J.

Haffner, Sebastian: Geschichte eines Deutschen. Die Erinnerungen 1914-1933, München 2002.

Hagemeister, Michael: »Unser Körper muss unser Werk sein.« Beherrschung der Natur und Überwindung des Todes in russischen Projekten des frühen 20. Jahrhunderts, in: Groys, Boris/Hagemeister, Michael: Die Neue Menschheit. Biopolitische Utopien in Russland zu Beginn des 20. Jahrhunderts, Frankfurt 2005.

Herbeck, Ulrich: Antisemitismus seit Beginn der Sowjetunion? In: Mecklenburg, Jens/Wippermann, Wolfgang: »Roter Holocaust?« Kritik des Schwarzbuchs des Kommunismus, Hamburg 1998, S. 142-158.

Herfurth, Hubert: Zur kommunistischen Utopiekollision: Weiter als abschreckendes Gespenst oder endlich als begehrenswerte Möglichkeit?, in: *trend onlinezeitung*, 11/05, http://www.trend.infopartisan.net/ trd1105/ HH-utopiekollision.pdf

Hillgruber, Andreas: Hitlers Strategie. Politik und Kriegsführung 1940-1941, Bonn 1993.

Jung, Franz: Der Weg nach unten, Aufzeichnungen aus einer großen Zeit, Hamburg 2000.

Kagarlitzki, Boris: Der Plan, der Staat, die Demokratie. Es ist Zeit vom Sozialismus zu reden, in: Fantomas Nr. 10, Hamburg 2007.

Karschnia, Alexander: Anti-Odysseus, in: Storch, Wolfgang/Ruschkowski, Klaudia: Die Lücke im System. Heiner Müller, Philoktet. Recherchen 24, Berlin 2005

Keller, Fritz: Die Achse Hitler-Stalin, in: Bisovsky, Gerhard, Schafranek, Hans, Streibel, Robert : Der Hitler Stalin Pakt, Voraussetzungen, Hintergründe, Auswirkungen, Wien 1990, S. 25-31.

Klemperer, Victor: LTI, Leipzig 1975.

Kremer, Ilja: Zur politischen Einschätzung des sowjetisch-deutschen Nichtangriffspaktes, in: Bisovsky, Gerhard/Schafranek, Hans/Streibel, Robert: Der Hitler Stalin Pakt, Voraussetzungen, Hintergründe, Auswirkungen, Wien 1990, S. 17-25.

Knaudt, Ulrich: Offener Brief an Roberto Fineschi, in: Mailingliste der Marx-Gesellschaft, 16. 05. 2007.

Küntzel, Matthias: »Auschwitz vom Sockel stoßen.« Zur Entlastungsfunktion des »Schwarzbuches« im deutschen Diskurs, in: Mecklenburg, Jens/Wippermann, Wolfgang: »Roter Holocaust?« Kritik des Schwarzbuchs des Kommunismus, Hamburg 1998, S. 251-264.

Kuhn, Hermann: Bruch mit dem Kommunismus. Über autobiographische Schriften von Ex-Kommunisten im geteilten Deutschland, Münster 1990.

Leonhard, Susanne: Gestohlenes Leben, Frankfurt 1956.

Leonhard, Wolfgang: Der Schock des Hitler-Stalin-Paktes. Erinnerungen aus der Sowjetunion, Westeuropa und USA, Freiburg-Basel-Wien 1986.

Loick, Daniel a: Lost. Sarah Ortmeyers Arbeit »Venedig Paris Casablanca New York Wien – Für Walter Benjamin«, in: *diskus* 1/07, Süper, Frankfurt 2007.

Loick, Daniel b: »Let it be. Towards a post-sovereign concept of revolution«, in: Bartels, Anke/Raj Kohlmorgen (Hg.): Revolutions: Revisited, Revised, Redesigned, Bern 2007.

Maak, Flo/Klingenberg, Dascha: Good Mourning. Über die Bedeutung von Verlust und Trauerarbeit für eine emanzipatorische Politik, in: *diskus* 2/06, don't mind, Frankfurt 2006.

Martelli, Roger: Gedanken über ein heißes Eisen, in: Mecklenburg, Jens/Wippermann, Wolfgang: »Roter Holocaust?« Kritik des Schwarzbuchs des Kommunismus, Hamburg 1998, S. 221-232.

Marx, Karl/Engels, Friedrich MEW 3: Die Deutsche Ideologie, Berlin.

Dies. MEW 4: Manifest der Kommunistischen Partei, Berlin.

Marx, Karl MEW 8: Der achtzehnte Brumaire des Louis Bonaparte, Berlin.

Ders. MEW 23: Das Kapital. Kritik der politischen Ökonomie. Band 1, Berlin.

Montefiore, Simon Sebag: Stalin. Am Hof des roten Zaren, Frankfurt 2006.

Müller, Heiner a: FERNSEHEN, in: Werke 1. Die Gedichte, Frankfurt 1998, 232.

Müller, Heiner b: Mauser, Berlin 1991.

Müller, Reinhard (Hg): Die Säuberung. Moskau 1936: Stenogramm einer geschlossenen Parteiversammlung, Reinbek bei Hamburg, 1991.

Musil, Robert: Mann ohne Eigenschaften, in: Eva Egermann u.a.: Nach der Freiheit ..., Wien 2005.

Reed, John: 10 Tage, die die Welt veränderten, Berlin 1977.

Schafranek, Hans: Zwischen NKWD und Gestapo. Die Auslieferung deutscher und österreichischer Antifaschisten aus der Sowjetunion an Nazideutschland, Frankfurt 1990.

Schlögel, Karl: Die Stalinmaschine. Moskau 1937 – Eine Stadt in den Zeiten des großen Terrors, in: *Lettre International* 76, Frühjahr 2007, S. 48-56.

Schmid, Bernhard: Französische Reaktionen, in: Mecklenburg, Jens/Wippermann, Wolfgang: Roter Holocaust? Kritik des Schwarzbuchs des Kommunismus, Hamburg 1998, S. 25-40.

Schmitt, Ole: die mit Blut besiedelte Freundschaft der Völker, unveröffentlichtes Manuskript, Frankfurt 2007

Schritkopcher, Zwi: Wider den erschlichenen ›Kommunismus‹, in: *Kommunistische Streitpunkte - Zirkularblätter* - Nr. 2 – 21. 01. 1999 – Onlineversion.

Scholmer, Joseph: Die Toten kehren zurück. Bericht eines Arztes aus Workuta, Köln-Berlin 1956.

Serge, Victor: Erinnerungen eines Revolutionärs, Hamburg 1991.

sinistra: how to queer antideutsch, in: *sinistramagazine* 2003, Frankfurt. http://www.copyriot.com/sinistra/magazine/ sin03/edit.html.

Sperber, Manès: Wie eine Träne im Ozean, München 2003.

Spira, Leopold: »Stalin weiß schon, was man tun soll!« Ein Zeitzeuge berichtet, in: Bisovsky, Gerhard/Schafranek, Hans/Streibel, Robert: Der Hitler Stalin Pakt, Voraussetzungen, Hintergründe, Auswirkungen, Wien 1990, S. 43-47.

Steinberger, Nathan/Broggini, Barbara: Berlin, Moskau, Kloyma und zurück. Ein biographisches Gespräch über Stalinismus und Antisemitismus, Berlin 1996.

Tolmein, Oliver: »RAF – das war für uns Befreiung«. Ein Gespräch mit Irmgard Möller über bewaffneten Kampf, Knast und die Linke, Hamburg 1999.